Horst W. Stricker

Reiten heißt sitzen
— aber wie?

Abbildungen auf dem Einband:

Links oben: Westernreiterin im Trab, München 1991.
Rechts oben: Sabine Sonsko auf Fredek im Trab, Grafing bei München, 1990.
Mitte unten: Gina Capellmann auf Ampère im Galopp, Berlin 1989.

Abbildung auf Seite 14:

Deutsche Reitschule 1750–1760
Baron v. Eisenberg, ein deutsches Pferd reitend:
„Parade mit Kappzaum"

Horst W. Stricker

Reiten heißt sitzen — aber wie?

Sitz und Hilfengebung ohne Kreuzanziehen

Verlag Wilhelm Schröer

Impressum

Verlag Wilhelm Schröer GmbH, D-3016 Seelze 1 - Hannover
© 1992 by Dr. Horst W. Stricker, D-8201 Holzbichl über Ostermünchen
Autor und Herausgeber: Dr. Horst W. Stricker
Gestaltung und Zeichnungen: Schröer-Conzept, D-3016 Seelze 1 - Hannover
Satz und Lithographien: Schröer-Satz, D-3016 Seelze 1 - Hannover
Druck und Verarbeitung: Schröer-Druck, D-3016 Seelze 1 - Hannover
Vertrieb: Leserservice, Postfach 100 100, D-3008 Garbsen - Hannover

ISBN 3-9802107-1-5

Gewidmet

meiner lieben Frau *Erika D. Stricker-Bircks*,
ohne sie wäre dieses Buch nicht entstanden;

meinem verehrten Lehrer *Stefan von Mártonffy-Dudutz*,
einem begnadeten Könner im Sattel;

und unseren Pferden *Trix*, *Isis*, *Gradus* und *Kobolz*,
denen meine Frau und ich die Passion des Reitens
und eines Lebens mit Pferden verdanken.

„Ausritt"
Gemälde der akademischen Malerin
Inge Ungewitter, München 1990.

Inhalt

Vorwort

Ich möchte mein Vorwort mit einem Bekenntnis einleiten: Ich stand zunächst dem Vorhaben des Verfassers mit einer gewissen Skepsis gegenüber, nicht, weil ich mit der Thematik nicht einverstanden gewesen wäre, sondern weil ich angenommen habe, daß ein zwar mit großem persönlichen Engagement vertretenes, die Ausbildung von Pferd und Reiter sehr wesentlich mitbestimmendes Segment auf einem Feld untergehen würde, das von den Anhängern des „Kreuzanziehens" offenkundig beherrscht wird.

Nach dem Studium des Manuskripts ist diese Skepsis verflogen und hat der festen Überzeugung Platz gemacht, daß dieses Buch geschrieben werden sollte, schon um der Möglichkeit willen, allen jenen vielleicht zu helfen, die bisher zu wenig über die Kriterien eines „Sitzes" wußten, dem diese Schrift gewidmet ist.

Der vom Verfasser unter Verwendung eines umfangreichen Quellenmaterials hervorragend zusammengestellte Inhalt, von aussagekräftigem Bildmaterial gut unterstützt,

müßte aber eigentlich auch jene nachdenklich machen, die bisher im vielgepriesenen „Kreuzanziehen" die wichtigste reiterliche Einwirkung gesehen haben. Setzt man sich nämlich einmal mit den positiven Kriterien eines Sitzes auseinander, den der Verfasser sehr treffend als „Guérinière-Sitz" bezeichnet, weil dieser große französische Reitmeister des 18. Jahrhunderts die grundlegenden Vorteile dieses Sitzes erkannt und sich in seinen auch heute noch gültigen Werken eingehend damit beschäftigt hat, verliert die im extremen Kreuzeinsatz vermutete Wirkung sehr schnell ihre Überzeugungskraft.

Das Pferd soll ja nicht „vorwärtsgeschoben", sondern zur eigenständigen Entwicklung seiner Hinterhandkräfte angehalten werden. Diese Erkenntnis ist beileibe nicht neu, wie uns der Verfasser an Hand der aufgesuchten Quellen überzeugend nachzuweisen vermag, aber sie konnte und kann sich nur dort nicht behaupten, wo gründliche Ausbildung durch einen zeitsparenden Anlernprozeß ersetzt wird. Und weil Pferde trotz der vielen unsachgemäßen Einwir-

9

kungen immer wieder ihr Bestes geben, wovon wir uns auf Turnieren nur zu häufig überzeugen können, scheinen sie diese Erkenntnis selbst zu widerlegen.

Das Pferd, das den Menschen auf dessen Weg über Jahrtausende treu begleitet hat, war nie imstande, den Menschen immer zu einer „pferdegerechten Behandlung" zu bewegen. Doch gab es glücklicherweise auch immer wieder Menschen, die das in Wort und Schrift an seiner Stelle taten, und die in diesem treuen Beglei-ter nicht einen „Knecht", sondern einen „Freund und Partner" gesehen haben — und sehen.

Vielleicht vermag diese Schrift mitzuhelfen, daß sie einmal in der Überzahl sind.

(Brigadier Kurt Albrecht)
Leiter der Spanischen
Reitschule Wien von 1974 – 1985

Einleitung

Meinen ersten Reitunterricht erhielt ich im Jahre 1941, im Alter von 15 Jahren. Obwohl sportlich erzogen, bereitete mir der Sitz im Sattel einige Probleme, vor allem im ausgesessenen Trab. Wer sich in der zehnköpfigen Gruppe der Jugendlichen nach einigen Reitstunden einbildete, reiten zu können, wurde vom Reitlehrer auf „Alk" gesetzt, einen großen Braunen, berüchtigt für sein Werfen im Trab. Kam das Kommando zum Antraben, dauerte es nicht lange, bis der Reitschüler, der Alk reiten mußte, im Sand der Reitbahn lag. Beim ersten Mitteltrab gab es keinen Halt mehr im Sattel. Nur einer unter ca. 100 Reitern war in der Lage, Alk im Trabe geschmeidig auszusitzen. Daher war er der bewunderte Star, jeder wollte hinter das Geheimnis seines Sitzes kommen. Der Reitlehrer meinte, das Geheimnis zu kennen, obwohl auch er Alk nicht überzeugend reiten konnte: Man müsse sein Kreuz anziehen, beim Treiben und bei jeder Hilfengebung. Das schien überzeugend, stand es doch auch in einer viel gelesenen Reitlehre, die wir Reitschüler wißbegierig verschlangen. So übten wir in jeder Reitstunde das Kreuzanziehen

– doch der durchschlagende Erfolg blieb aus. Der Star im Reitstall, der Alk im ausgesessenen Trab mit geschmeidigem Sitz reiten konnte, blieb unerreicht. Das Geheimnis seines Sitzes behielt er für sich – sofern er es überhaupt selber kannte.

Die Entwicklung des 2. Weltkrieges unterbrach den Reitunterricht, nach dem Krieg hatten Studium, Berufsausbildung und Beruf zunächst den Vorrang. Dann zog es mich wieder zu den Pferden, der Reitunterricht begann aufs neue. Geändert hatte sich gegenüber früher nicht viel, immer noch war vom Kreuzanziehen die Rede. Auch die damals gelesene Reitlehre gab es wieder zu kaufen und darin wurde das Kreuzanziehen immer noch als die Grundlage von Sitz und Hilfengebung dargestellt. Nach einigen Jahren, es war 1968, kaufte ich mir den vierjährigen Holsteiner „Gradus". Fünf Jahre lang ritt ich ihn mit angezogenem Kreuz, dann war ich von der Richtigkeit dieses Sitzes nicht mehr überzeugt, und von da an unterließ ich das Kreuzanziehen. Da Gradus einen starken Rücken besitzt, hat er diese ersten fünf Jahre zum Glück ohne gesundheitliche Schäden überstanden. Auch jetzt reite ich ihn noch fast täglich, inzwischen ist er 28 Jahre alt. Nach meinem heutigen Wissensstand bin ich überzeugt, daß die rechtzeitige Unterlassung des Kreuzanziehens maßgeblich zu seiner Gesunderhaltung beigetragen hat.

Die These vom Kreuzanziehen hat mich während meines Reiterlebens bis heute begleitet. In vielen Gesprächen, die ich mit Reiterfreunden und Reitlehrern führte, fiel immer wieder das Wort Kreuzanziehen, sobald es um die Grundlagen eines guten Sitzes ging. Dabei mußte ich feststellen, daß jeder seine persönliche Meinung darüber hatte, auf welche Art und Weise man sein Kreuz anziehen solle. So meinten einige, Kreuzanziehen bedeutet die Aufrichtung des Oberkörpers, andere verwechselten ihr Kreuz mit dem Rücken. Von ganz kompetenter Seite hörte ich schließlich während eines Reitunterrichtes, dem ich als Zuschauer beiwohnte, wie von einer Reitschülerin verlangt wurde, ihren Bauch herauszustrecken **und** das Kreuz anzuziehen.- Beides schließt sich bekanntlich gegenseitig aus.

Wenn ich hier von Kreuzanziehen spreche, so beziehe ich mich auf Müselers „Reitlehre" (44. Auflage, 1981), in der leicht verständlich beschrieben wird, wie ein Reiter sein Kreuz anziehen solle. Danach ist dies identisch mit:
— der Beckenbewegung beim Schaukeln, oder
— dem Anheben des Beckens, wenn man rücklings auf der Erde liegt,

oder
— dem Vordrücken des Beckens, um ein über den Tischrand hinausragendes Buch zurückzuschieben, oder
— der Beckenbewegung, mit der man einen Hocker zum Vorkippen bringt, auf dem man sitzt.
Wer also im Sattel sein Kreuz anziehen will, muß den oberen Rand seines Beckens nach hinten abkippen und seine Lendenwirbelsäule gerade stellen.

Jeder erfahrene Reiter weiß, daß ein gefestigter und geschmeidiger Sitz die Grundlage guten Reitens und die Voraussetzung für feine Hilfengebung ist. Gehört hierzu nun das Anziehen des Kreuzes, das in zahlreichen Büchern der deutschen Reitliteratur als das A und O des Sitzes angesehen wird? Oder ist die These vom Kreuzanziehen ein tragischer Irrtum der deutschen Reiterei, durch die Zehntausende von Reitschülern über viele Jahrzehnte und heute noch auf einen falschen Weg geführt worden sind?

Über viele Jahre hat mich diese Frage nicht losgelassen. Ich habe mich mit ihr gedanklich beschäftigt, andere Reiter beobachtet, mich selbst im Sattel kontrolliert, Reitturniere besucht und hierbei Fotostudien betrieben, Reitmeister befragt und Reitliteratur studiert. Die Ergebnisse dieser mit wissenschaftlicher Gründlichkeit durchgeführten Recherchen sind ein Thema dieses Buches.

In meinen Aussagen über den Sitz, die Hilfengebung und die Gymnasti-

12

zierung des Pferdes stütze ich mich sowohl auf eigenes Wissen und eigene Erfahrungen als auch auf die Erkenntnisse anerkannter Fachleute und Autoren der Reitliteratur. Dabei werden die Namen der Autoren und das Erscheinungsjahr der zitierten Auflage ihres Buches im Text genannt, z. B. (Steinbrecht, 1966). Im Literaturverzeichnis findet der Leser dann die volle Quellenangabe.

Zahlreiche Aussagen werden durch fotografische Aufnahmen erläutert und verdeutlicht. Wenn hierbei Reiterinnen oder Reiter abgebildet werden, deren Sitz oder Hilfengebung nicht meinen Auffassungen entspricht, so wird damit weder deren Können in Frage gestellt noch ihr Bemühen, es richtig zu machen und ihren Pferden keinen Schaden zufügen zu wollen.

Équitation (1750) (1760) Allemande

Le Baron D'Eisenberg.
Montant un Cheval Allemand.

I. Der Sitz in Praxis und Theorie

1. Der Sitz und das Kreuz auf Dressurwettbewerben.

Sitz mit angezogenem Kreuz in Dressurwettbewerben der Klasse L — Pro und contra Kreuzanziehen in Dressurprüfungen der Klasse S.

In meinen Betrachtungen über den Sitz will ich von der Praxis ausgehen. Daher berichte ich nun über meine Besuche von Dressurwettbewerben, auf denen ich den Sitz der Reiterinnen und Reiter sowie den Gang und die Haltung ihrer Pferde beobachtete.

Sitz mit angezogenem Kreuz in Dressurwettbewerben der Klasse L.

Auf einem regionalen Turnier im süddeutschen Raum stand eine Dressurprüfung der Klasse L auf dem Programm, also ein Wettbewerb für Fortgeschrittene. Etwa 50 Reiterinnen und Reiter nahmen hieran teil. Sie arbeiteten auf dem Abreiteplatz ihre Pferde und stellten sie dann den Richtern vor. Mehr als 90 % der Teilnehmer bemühten sich, ihr Kreuz anzuziehen, wie sie es offenkundig gelernt hatten. Entsprechend kippten sie den oberen Rand des Beckens nach hinten, wodurch die Lendenwirbelsäule — bestehend aus den fünf Wirbeln oberhalb des Beckens — in eine gerade Stellung gebracht wurde (siehe die Abbildungen 1 und 2). Häufig wurden dabei die Schultern und der Rücken rundgemacht und der Kopf vorgestreckt. Bei bohrendem Gesäß sah diese Art zu reiten vielfach sehr mühevoll und nach Schwerarbeit aus. Viele saßen verkrampft, entsprechend verspannt gingen ihre Pferde. Ein Sitz mit festgehaltenem Becken ist den meisten Pferden unangenehm, da die Gewichtseinwirkung des Reiters offensichtlich ungünstig ist und das Tragen des Ge-

Abb. 1 Sitz im Galopp mit angezogenem Kreuz. Dressurprüfung Klasse L, Grafing bei München.

Abb. 2 Sitz im Trab mit angezogenem Kreuz. Dressurprüfung Klasse L, Grafing bei München 1990.

wichtes für das Pferd beschwerlicher macht. Hierauf wird später noch ausführlich eingegangen. Viele Pferde reagierten auf den verspannten Sitz ihres Reiters mit einer tiefen Stellung ihres Genickes.

Aber halt! Da sah ich zwei Reiterinnen, die ganz anders zu Pferde saßen! Was machten sie anders als die übrigen Teilnehmer? Sie versuchten nicht krampfhaft, ihr Kreuz anzuziehen, sondern ritten mit natürlicher Bekkenstellung. Sie streckten den Kopf nicht nach vorne, sondern saßen erhobenen Hauptes. Ihr Oberkörper war nicht zusammengesackt, sondern aufgerichtet, die Schultern waren nicht rund, sondern zurückgenom-

men. Die Lendenwirbelsäule war nicht gerade gestellt, wie beim Kreuzanziehen, sondern konkav gebogen, also mit einer gewissen Hohlstellung, der größten Sünde, die man begehen kann, soll man den „Kreuzanziehern" Glauben schenken. Geschmeidig saßen beide Reiterinnen im Sattel, in allen Gangarten. Die Pferde gingen zufrieden und in schöner Selbsthaltung (Abbildung 3 und 4). Der Sitz beider Reiterinnen war eine Demonstration pferdegerechten Reitens. − Hatte ich also recht mit meiner Ablehnung des Kreuzanziehens − oder wird dies bei Dressurprüfungen der Klasse S ganz anders oder viel besser gemacht?

Abb. 3 Sitz mit guter Oberkörperaufrichtung und natürlicher Beckenstellung im Trab. Sabine Sonsko auf Fredek, Dressurprüfung Klasse L, Grafing bei München, 1990.

Abb. 4 Geschmeidiger Sitz mit natürlicher Beckenstellung im Trab. Irmgard Hanslmayer auf Semper 17, Dressurprüfung Klasse L, Grafing bei München, 1990.

Pro und Contra Kreuzanziehen in Dressurprüfungen der Klasse S.

Auf einem international ausgeschriebenen Turnier in München stand im Jahre 1989 eine Dressurprüfung der Klasse S auf dem Programm, zahlreiche und zum Teil bekannte Reiter des In- und Auslandes nahmen daran teil. Auf dem Abreiteplatz und im Wettbewerb konnte ich sie ungestört beobachten. – Das Ergebnis war erstaunlich: Die Mehrzahl der Teilnehmer ritt nicht mit angezogenem Kreuz, sondern mit natürlicher Beckenstellung. Ein kreuzanziehender Reiter saß in typischer Haltung mit rundem Rücken zu Pferde (Abbildung 5), während eine kreuzanziehende Reiterin zwar ihren Oberkörper aufrichtete, ihre Lendenwirbelsäule aber in eine gerade Stellung brachte (Abbildung 6).

Wird dagegen das Becken des Reiters in natürlicher Stellung belassen, ist die Lendenwirbelsäule konkav gebogen, sofern der Oberkörper aufgerichtet wird (siehe die Abbildungen 7 und 8). Besonders gut erkennbar ist dies bei dem Reiter der Abbildung 7, der auf dem Abreiteplatz ohne Jacke ritt. Die konkave Stellung der Lendenwirbelsäule hat für die Geschmeidigkeit des Sitzes eine große Bedeutung, worauf in diesem Buch noch ausführlich eingegangen wird. Dementsprechend ritten diese Reiter müheloser als die Kreuzanzieher, auch ihre Pferde gingen losgelassener. Aus dem Urteil der Richter war nicht erkennbar, welcher Art des Sitzes der Vorzug gegeben wurde. So blieb ungeklärt, ob die gerade gestellte Lendenwirbelsäule (Kreuzanziehen) oder die konkav gebogene den klassischen Auffassungen vom Dressurreiten entspricht.

Abb. 5 Reiter mit angezogenem Kreuz im Trab. Abreiteplatz vor S-Dressur, München 1989.

Abb. 6 Reiterin mit angezogenem Kreuz im Trab. Abreiteplatz vor S-Dressur, München 1989.

Abb. 7 Galopp im Sitz mit natürlicher Beckenstellung. Peter Ebinger/Österreich auf Venetia 16, Abreiteplatz vor S-Dressur, München 1989.

Abb. 8 Sitz mit natürlicher Beckenstellung im versammelten Trab. Sven G. Rothenberger auf Ideaal, Dressur Klasse S, München 1989.

Eine klare Beantwortung dieser Frage erhoffte ich mir durch den Besuch der Deutschen Meisterschaften im Dressurreiten, die im Jahre 1989 in Berlin stattfanden und für Damen und Herren getrennt ausgeschrieben waren. Hier sollten die Teilnehmer doch nun wohl nach klassischen Regeln zu Pferde sitzen, wo die Besten unseres Landes um den begehrten Titel eines Deutschen Meisters gegeneinander antraten. Beim Studium des Sitzes und der Haltung der Pferde beschränkte ich mich auf die jeweils sechs besten Reiterinnen und Reiter, die sich in einer Vorausscheidung für den Endkampf im Grand Prix Special qualifiziert hatten.

Mein Erstaunen war groß, als ich feststellen mußte, daß die Hälfte der Reiterinnen und Reiter mit angezoge-nem Kreuz zu Pferde saß, die andere Hälfte aber mit natürlicher Beckenstellung ritt. Die kreuzanziehenden Teilnehmer boten das gewohnte Bild, abgekipptes Becken, gerade gestellte Lendenwirbelsäule und z. Teil einen runden Rücken (siehe die Abbildungen 9 – 11). Die Teilnehmer, die mit natürlicher Beckenstellung ritten, richteten ihren Oberkörper gut auf, entsprechend konkav gebogen war ihre Lendenwirbelsäule (siehe Abbildung 12).

Die Mehrzahl der Pferde der Kreuzanzieher zeigte Verspannungen, mehrere gingen mit tiefem Genick. Die Pferde der Nichtkreuzanzieher gingen losgelassener und müheloser. Die Art des Sitzes hatte für das Urteil der Dressurrichter offenbar wenig Bedeutung.

Abb. 9 Sitz mit angezogenem Kreuz im Trab. Ann-Kathrin Linsenhoff auf Courage, Zweite der Deutschen Meisterschaften der Damen, Berlin 1989.

21

Abb. 10 Sitz mit angezogenem Kreuz im Galopp. Nicole Uphoff auf Rembrandt, Erste der Deutschen Dressurmeisterschaften der Damen, Berlin 1989.

Abb. 11 Sitz mit angezogenem Kreuz, Traversalverschiebung im Trab. Nicole Uphoff auf Rembrandt, Deutsche Meisterschaften, Berlin 1989.

Abb. 12 Sitz mit natürlicher Beckenstellung im Trab. Gina Capellmann auf Ampère, Fünfte der Deutschen Dressurmeisterschaften der Damen, Berlin 1989.

Tabelle 1
Plazierung der Teilnehmer in bezug auf ihren Sitz.

Art des Sitzes	Rangfolge			
	Damen	Mittel	Herren	Mittel
Mit angezogenem Kreuz	1 2 4	2,3	2 4 6	4,0
Ohne angezogenes Kreuz	3 5 6	4,7	1 3 5	3,0

Dies läßt sich aus der Plazierung der Teilnehmer ableiten, die in Tabelle 1 aufgeführt ist.

Bei den Damen hatten also die kreuzanziehenden Teilnehmerinnen eine bessere Plazierung als die nicht kreuzanziehenden, bei den Herren war es umgekehrt. War es Zufall oder hatte dies seinen Grund? Meinten die Richter vielleicht, daß die bei den kreuzanziehenden Damen verspannter gehenden Pferde mehr Schwung hätten, während dies bei den Herren, die von Hause aus ihre Pferde gut vorwärtsreiten können, keine Rolle spielte? Wir wissen es nicht. Jedenfalls warnt Alois Podhajsky in seinem Buch „Reiten und Richten" (1973) eindringlich davor, verspanntes Vorwärtsgehen mit Schwung zu verwechseln. Wie dem auch sei, für den un-

23

voreingenommenen Beobachter war nicht erkennbar, ob die Geschmeidigkeit des Sitzes bei der Notenvergabe eine Rolle spielte. Dies war auch nicht zu erwarten, spielt doch der Sitz bei der Beurteilung der Vorführung heutzutage nur noch eine untergeordnete Rolle. Entscheidend ist eine fehlerfreie Vorführung des Pferdes. Die wirkliche Kunst des Reitens, die sich in der Geschmeidigkeit des Sitzes und der Losgelassenheit des Pferdes ausdrückt, hat bei der gegenwärtigen Art des Richtens an Bedeutung verloren.

Enttäuscht verließ ich die Deutschen Meisterschaften im Dressurreiten 1989, hatte ich doch keine Orientierung über den anzustrebenden klassischen Dressursitz erhalten. So wandte ich mich dem Studium der einschlägigen deutschsprachigen Reitliteratur zu, in der Hoffnung, wenigstens in der Theorie eine klare Antwort zu erhalten.

2. Die Kreuzverwirrung — 100 Jahre deutschsprachige Reitliteratur.

Wilhelm Müseler, Sitz mit angezogenem Kreuz — Die angebliche Funktion der Kreuzmuskulatur — Es gibt gar keine Kreuzmuskulatur, was nun? — Die „Deutsche Reitlehre" und das Reiterkreuz — Das Kreuzanziehen, bewußt oder unbewußt? — Das Kreuzanziehen, ein Wort, zwei Begriffe — Alle sprechen vom Kreuzanziehen, sie nicht — Die Reitkunst der Welt an den Olympischen Spielen 1936 — Der Freizeitreitersitz nach Guérinière mit angezogenem Kreuz? — Die Verwirrung ist perfekt.

Auf allen Wissensgebieten sind Zeitschriften und Lehrbücher unentbehrliche Helfer der Ausbildung, sie dienen dem Austausch von Erfahrungen und Erkenntnissen. Fragen wir daher ausgewählte Lehrbücher der Reitliteratur der letzten einhundert Jahre, was sie über das Kreuz des Reiters und dessen Einwirkung im klassischen Dressursitz zu sagen haben.

Wilhelm Müseler, Sitz mit angezogenem Kreuz.

Will man sich in der Reitliteratur über das Thema Kreuzeinwirkung informieren, fängt man am besten bei Wilhelm Müseler an. Er hat das Kreuzanziehen ausführlich und anschaulich behandelt und in den Mittelpunkt seiner Lehre vom Sitz gestellt. Seit der ersten Auflage im Jahre 1933 ist das Buch in 44 Auflagen erschienen und in mehrere Fremdsprachen übersetzt worden. Dieses Buch dürfte das meistgelesene der letzten 50 Jahre zu dieser Thematik sein.

Für Müseler ist das Kreuzanziehen die Grundvoraussetzung für das „Eingehen in die Bewegung des Pferdes", für das Kleben am Sattel. Je mehr ein Reiter im Sattel geworfen werde, um so stärker müsse er sein Kreuz anziehen, um das Geworfenwerden zu verhindern. Das Kreuzanziehen hat laut Müseler noch weitere Funktionen:

1. Es hat die Aufgabe des Treibens. Das Pferd soll gewissermaßen durch das Kreuz von hinten nach vorne gedrückt werden.
2. Das Kreuzanziehen soll jede weitere Hilfengebung des Reiters begleiten und unterstützen.

Müseler unterscheidet vier Arten des Sitzes:

1. Den Normalsitz; hier verbleibt das Becken in natürlicher Stellung.
2. Den Sitz mit angezogenem Kreuz; hierbei wird der obere Beckenrand leicht nach hinten gekippt.
3. Den Sitz mit stärker angezogenem Kreuz; hierbei wird der obere Beckenrand stärker nach hinten gekippt.
4. Das Hohlkreuz; der obere Beckenrand wird stark nach vorn gekippt, der Rücken hohl gemacht.

Für den Normalsitz findet man bei Müseler keine weiteren Ausführungen. Das Hohlkreuz wird als falsch abgelehnt. Das Anziehen des Kreuzes hat durch eine bewußte Muskelbetätigung zu erfolgen und zwar durch ein ANSPANNEN der KREUZMUSKULATUR.

Die angebliche Funktion der Kreuzmuskulatur.

Otto de la Croix (1913) mißt der Kreuzeinwirkung für die Versammlung des Pferdes eine große Bedeutung zu, die durch ein Anspannen der „Rücken-, Kreuz- und Hüftmuskulatur" zu erfolgen habe. Außerdem solle das „Kreuz" alle Störungen des Ganges durch „momentan vermehrte oder verminderte Spannung" abfangen.

Gustav von Dreyhausen (1951) dagegen empfiehlt das Anspannen der „Rücken-, Kreuz- und Bauchmuskeln" als verhaltende Sitzhilfe. Vor einer „zu stark andauernden Kreuzwirkung" wird gewarnt. Sie mache den Rücken des Pferdes steif und den Gang prellend.

Es gibt gar keine Kreuzmuskulatur — was nun?

Die beiden reitenden Humanmediziner Heinrich und Volker Schuszdiarra haben sich in ihrem Buch „Gymnasium des Reiters" (1978) eingehend mit der Anatomie des Reiters befaßt. Dabei kommen sie zu der überraschenden Feststellung, daß es am menschlichen Körper gar keine Kreuzmuskulatur gibt, mit der der Reiter sein Kreuz anziehen solle. Stattdessen sei hierfür die Bauchmuskulatur zuständig. Genau gesagt habe das Kreuzanziehen so zu erfolgen, daß die Muskeln der vorderen Bauchwand das Becken vorn anheben, wodurch der obere Beckenrand nach hinten kippt. Hierdurch werde die Lendenwirbelsäule in eine gerade Stellung gebracht, was die Federkraft der Wirbelsäule — im Vergleich zur normalen Haltung des Beckens — erheblich einschränke. Das angezogene Kreuz verhindere auch ein tiefes Knie, bedingt durch das Hüftgelenkband, das Oberschenkel und Becken miteinander verbindet. — Trotz dieser bedeutenden Nachteile bleiben beide

Autoren Anhänger des Kreuzanziehens, da dieses, wie sie schreiben, „in allen Reitlehren als das A und O des Dressursitzes gepriesen und gefordert wird".

Die „Deutsche Reitlehre" — und das Reiterkreuz.

Unter dem anspruchsvollen Titel „Deutsche Reitlehre" (1980) verfaßten H. D. Donner und D. Specht unter Beratung von namhaften Experten ein Buch, das die offizielle Auffassung der Deutschen Reiterlichen Vereinigung (FN) zur Grundausbildung von Reiter und Pferd wiedergibt. Dabei wird betont, daß hierbei die „unumstößlichen Grundsätze der klassischen Reitkunst" Berücksichtigung finden. Zum Dressursitz lesen wir: „Das Kreuz wird mäßig angezogen, so daß es federnd in der Bewegung des Pferderückens mitschwingen kann." — Wie man das tun solle, wird nicht gesagt. Man kann davon ausgehen, daß eine Übereinstimmung mit den Müseler'schen Auffassungen vom Anziehen des Kreuzes besteht.

Das Kreuzanziehen — bewußt oder unbewußt?

Heinrich und Volker Schusdziarra (1986) legen ausführlich dar, was ein Reiter zu tun habe, um in die Bewegung des Pferdes einzugehen. Für den ausgesessenen Trab empfehlen sie, die rechte bzw. linke Gesäßhälfte mittels der gleichseitigen Bauchmuskulatur abwechselnd anzuheben —

und zwar durch eine bewußte Muskelbetätigung. Dies habe immer dann zu erfolgen, wenn das gleichseitige Hinterbein des Pferdes auffußt. — Aus Höflichkeit dazu kein Kommentar!

Heinz Meyer (1988) dagegen gibt den Rat, das Abkippen des oberen Beckenrandes nach hinten (Kreuzanziehen) erst bewußt zu üben, um es später unbewußt zu tun.

Das Kreuzanziehen — ein Wort, zwei Begriffe.

Vier Meister der Reitkunst haben ihre Erfahrungen und Kenntnisse über die Ausbildung von Reitern und Pferden mittels ihrer Lehrbücher der Nachwelt hinterlassen: Es sind dies Oscar Maria Stensbeck (1935), Richard Wätjen (1966), Waldemar Seunig (1967) und Alois Podhajsky (1968). Während Stensbeck nur den Begriff Kreuz verwendet, nicht aber vom Kreuzanziehen spricht, benutzen die drei anderen Autoren diesen Begriff bei der Beschreibung des Reitsitzes. Es ist aber offenkundig, daß sie hierunter eine andere Körperhaltung verstehen als Wilhelm Müseler, den wir hier nochmals zitieren wollen:
„Beim Kreuzanspannen wird das untere Ende der Wirbelsäule (mit dem Kreuzbein, das die Verbindung zwischen Wirbelsäule und Becken bildet) nach vorn gedrückt. Das Becken wird dadurch nach hinten abwärts gedrückt und vorn gehoben, wodurch sich die beiden Gesäßknochen nach vorne schieben."

26

Eine solche Beschreibung des Kreuzanziehens ist weder bei Wätjen, noch bei Seunig noch bei Podhajsky zu finden. Allerdings hat die Tatsache, daß alle drei Autoren den Ausdruck vom Kreuzanziehen verwenden, sicherlich manche Verwirrung gestiftet.

Alle sprechen vom Kreuzanziehen — sie nicht.

Zu denen, die **nicht** vom Kreuzanziehen sprachen, gehörte Julius Walzer (1920), einer der besten Reiter seiner Zeit. Er beschreibt den Sitz wie folgt: „Der Reiter soll bei senkrechter Oberkörperhaltung zur Horizontallinie mit vorgeschobenen Hüften, zurückgenommenen Knien und flach angelegten Ober- und Unterschenkeln auf beiden Gesäßknochen im tiefsten Punkt des Sattels zwanglos sitzen." — Das Wort Kreuz oder Kreuzanziehen ist in seiner Schrift nicht zu finden. Vorgeschobene Hüften ergeben sich auch nicht, wenn man sein Kreuz anzieht. Im Gegenteil, sie werden beim Kreuzanziehen zurückgenommen.

Lassen wir nun Gustav Steinbrecht, einen der anerkannt Großen der klassischen Reitkunst, mit seinem Buch „Gymnasium des Pferdes" (1966, 5. Auflage des 1884 erschienenen Buches) zu Worte kommen:

„Ein zu stark angezogener Rücken krümmt die Wirbelsäule nach vorn ebenso, wie ein stark nachgelassener dies nach hinten tut und hat daher auch dieselben Nachteile, nur in umgekehrter Richtung. Es fällt bei man-

chem Schüler sehr schwer, die richtige Mitte zwischen diesen beiden Gegensätzen zu erreichen und doch hängt alles davon ab."

Vom Kreuzanziehen ist also keine Rede — oder doch? Man könnte dies meinen, wenn man bei Steinbrecht weiter liest:

„Man lasse daher den Schüler bei den Sitzübungen zuweilen beide Gegensätze künstlich üben, um ihn durch eigenes Gefühl die natürliche gerade Haltung finden zu lassen. Auch wird ihm dies deshalb umso nützlicher sein, als er später bei der Dressur des Pferdes beide Haltungen oft als Hilfen benötigt, um seinen Schwerpunkt mit dem des Pferdes in Übereinstimmung zu bringen." Soll der Reiter also doch zuweilen sein Kreuz anziehen? — Was Steinbrecht meint, finden wir in dem Kapitel über die „unterstützenden Hilfen". Hier schreibt er: „. . . daß man vorübergehend die Hüften senkt und den Rücken nachläßt", wenn Pferde „rückwärtskriechen" oder sich „auf der Stelle festmachen." Und jetzt kommt der entscheidende Satz:

„Der Reiter verbleibe aber nicht länger als unbedingt erforderlich in dieser Haltung, weil er sonst die Vorwärtsbewegung des Pferdes wegen des mangelnden Gleichgewichtes hindern würde."

Wir können daher mit Fug und Recht behaupten, daß Steinbrecht das Anspannen des Kreuzes zum Zwecke des Eingehens in die Bewegung des Pferdes ablehnt. Wiederholt stellt er die Bedeutung des „naturgemäßen, schmiegsamen und weichen Sitzes" heraus. Nun könnte man immer noch meinen, daß dies zwar für die Grundgangarten des Pferdes Geltung habe, nicht aber für die Ausbildung des Pferdes zur Piaffe und Passage. Auch dieses Argument kann man schnell entkräften, wenn man nachliest, was Steinbrecht über die Ausbildung zur Passage schreibt: Dies habe ausschließlich mit einem „weichen Balancesitz" zu geschehen. Und wörtlich heißt es:

„Dieser Sitz ist die Haupt- und Grundbedingung, ohne die keine schulmäßige Arbeit . . . in so kadenzierten Gängen wie Passage und Piaffe . . . möglich ist." Der Reiter könne den Takt eines so fein ausbalancierten Ganges nur dann nicht stören, wenn er sich „den Bewegungen des Pferdes aufs vollkommenste anschmiegt." Auch eine aktive Hilfengebung auf einem noch nicht sicher

passagierenden Pferd müsse immer auf der Grundlage des „weichen Balancesitzes" erfolgen.

„Die Reitkunst der Welt an den Olympischen Spielen 1936."

Unter diesem Titel beschrieb Gustav Rau (1937) die Reitwettbewerbe der Olympischen Spiele 1936. Eine Fülle von Fotos ergänzen das geschriebene Wort, wodurch der Leser einen umfassenden Einblick in die Reitweise der damaligen Zeit erhält. In bezug auf das Thema „Kreuzanziehen" interessiert der Sitz im Dressurreiten. Hierbei fällt besonders auf, daß der Olympiasieger des Dressurwettbewerbes, Heinz Pollay, alle Lektionen ohne ein Anspannen des Kreuzes ritt (siehe die Abbildungen 13 - 15).

Oberleutnant H. Pollay
Starker Trab durch die Diagonale. Ideale Gleichgewichtshaltung.
Höchste Energie. Harmonie zwischen Reiter und Pferd.

Abb. 13
Heinz Pollay auf dem
Trakehner Kronos,
Gewinner der Goldmedaille,
Olympiade 1936.

Abb. 14
Heinz Pollay auf Kronos
beim Ritt zur
Goldmedaille . . .

H. Pollay (Deutschland) auf Kronos
Galopp auf der Mittellinie im Momente vor dem Galoppwechsel
nach rechts. Der Reiter hat das Pferd im Genick bereits rechts
gestellt. Ganz leichte Führung. Volle Ungezwungenheit des Reiters.

Uebergang vom abgekürzten Galopp in den starken Galopp. Der
Reiter treibt. Der Uebergang vollzieht sich spielend.

Abb. 15
. . . im Dressurwettbewerb
der Olympischen Spiele
1936.

29

Der Trakehner Kronos war von Otto Lörke selbst ausgebildet worden. Für dieses Pferd hatte er Heinz Pollay unter mehreren Kandidaten eineinhalb Jahre vor der Olympiade ausgewählt. Zu diesem Zeitpunkt ritt Pollay überhaupt erst zweieinhalb Jahre, und Lörke hatte sicherlich seine Gründe, ihm den Vorzug zu geben. Offensichtlich störte es Lörke überhaupt nicht, daß Pollay ohne angespanntes Kreuz ritt — oder wählte er ihn gerade deswegen aus? Wir wissen es nicht.

Auch R. Lippert, Mitglied der siegreichen deutschen Mannschaft in der Military bei der Olympiade 1936, ritt sein Pferd Fasan in der Dressur ohne Kreuzanziehen, wie dies die Abbildung 16 zeigt.

Rittmeister R. Lippert (Deutschland) auf Fasan
Dressurprüfung der Military.
Freier Schritt am langen Zügel.
Die Halsmuskeln hinter dem Genick könnten geschmeidiger sein.

Abb. 16 R. Lippert auf Fasan, Goldmedaille im Mannschaftswettbewerb der Military, Olympische Spiele Berlin 1936.

Die Bildunterschriften stammen von Gustav Rau.

Der Freizeitreitersitz nach Guérinière — mit angezogenem Kreuz?

Solinski (1983) lehnt für den Freizeitreiter das Kreuzanziehen mit Entschiedenheit ab, sich auf Guérinière berufend. Erstaunlicherweise empfiehlt er jedoch, den oberen Beckenrand so stark nach hinten zu kippen, daß man auf den oberen Muskelpartien des Gesäßes — hinter den Sitzhöckern (!) — zu sitzen kommt. Wörtlich schreibt Solinski hierzu:

„Meine Rückenlinie wird zwar gerade oder leicht konvex gebogen, aber endlich reite ich bequem, entspannt und dank der Beweglichkeit meiner Nierenpartie, welche die Funktion eines Scharniers übernommen hat, dem Pferd gegenüber wirksam und präzis."

Hier liegt bei Solinski offensichtlich ein Mißverständnis vor, denn seine Empfehlung zum Freizeitreitersitz entspricht dem Kreuzanziehen, das er ablehnt.

Die Verwirrung ist perfekt.

Damit dürfte die Verwirrung über das Kreuz und das Anziehen des Kreuzes nun seinen Höhepunkt erreicht haben. Wen wundert es dann, daß in Gesprächen mit Reitlehrern oder Reitern immer wieder das Wort Kreuz oder Kreuzanziehen fällt, jeder aber darüber seine eigene Vorstellung hat? Angesichts der Widersprüche in der deutschsprachigen Reitliteratur zum Thema Kreuz wird verständlich, welche Schwierigkeiten deutsche Reitlehrer haben müssen, um zu einer einheitlichen und vor allem klaren Auffassung zu kommen. Wie soll sich erst ein Reiter orientieren, wenn er sich über Fragen des Sitzes informieren will? Daher ist es wohl an der Zeit, den Versuch zu unternehmen, das Verwirrspiel über das Kreuz und das Kreuzanziehen zu beenden.

II. Eine Absage
an das Kreuzanziehen

3. Die französische Schule kennt kein Kreuzanziehen.

Guérinière und die gebogene Nierenpartie − Die französische Reitliteratur und das Kreuz − „Géricaults" Zähmung und der Sitz − Ich weiß nicht, was soll das bedeuten? − Saumur und das Kreuzanziehen − Der klassische Dressursitz, nicht nur in Frankreich zu Hause.

Die Grundsätze klassischer Reitkunst gehen auf die Antike zurück. Sie sind mit dem athenischen Reiteroberst Xenophon (430 − 354 v. Chr.) eng verknüpft. An der Bewahrung und Weiterentwicklung dieser Grundsätze waren die französischen Großmeister Antoine de Pluvinel (1555 − 1620) und François Robichon de la Guérinière (1688 − 1751) maßgeblich beteiligt. Waldemar Seunig (1981) sieht in Guérinière den „Stammvater der klassisch-modernen Reitkunst". Bedeutende Hippologen in Frankreich haben im 19. und 20. Jahrhundert

diese Lehren bewahrt, was nicht zuletzt der heute noch bestehenden Kulturstätte der Reitkunst in Saumur zu verdanken ist. Es ist daher naheliegend, sich in der Frage des Sitzes einigen dieser Meister zuzuwenden.

Guérinière und die gebogene Nierenpartie.

Befragen wir de la Guérinière, indem wir nachlesen, was er in seinem berühmten Buch „Ecole de Cavalerie" (1733) über den Dressursitz geschrieben hat. Von dem Original liegt eine deutsche Übersetzung vor, die im Verlag Friedrich H. Stratmann − ohne Jahresangabe − unter dem Titel „Die Reitschule" erschienen ist. Hierin heißt es wörtlich: „Nachdem die Zügel zugeordnet sind, setzt man sich in die Mitte des Sattels, die Hüften und das Gesäß, das nichts auf

32

Abb. 17 Reiter im klassischen Dressursitz mit gebogener Nierenpartie in verschiedenen Lektionen der Hohen Schule. (Aus Ecole de Cavalerie, 1733)

dem Hinterzwiesel zu suchen hat, gut vorgeschoben. Das **Kreuz** ist **angezogen,** um auf die Bewegung eingehen zu können." − Also wurde schon zu Guérinières Zeiten mit angezogenem Kreuz geritten? Ich konnte es nicht glauben und sah im französischen Text nach. Hier heißt es: „il faut tenir ses reins pliez & fermes, pour résister au mouvement du Cheval." Wörtlich übersetzt heißt dies: „man muß seine Nierenpartie gebogen- und festhalten, um der Bewegung des Pferdes zu widerstehen." − Die beiden Nieren liegen rechts und links von der Lendenwirbelsäule. Dies ist die Nierenpartie, oberhalb des Beckens. Die Nierenpartie kann nur dann gebogen sein, wenn die Wirbelsäule in natürlicher S-förmiger Krümmung belassen, die Lendenwirbelsäule also konkav gebogen ist. Bei angezogenem Kreuz hingegen ist die Nierenpartie nicht gebogen, ist doch die Lendenwirbelsäule gerade gerichtet.

Verwirrend ist das Wort „fermes" − wörtlich „festhalten". Wie soll der Reiter die Nierenpartie festhalten? − Erklären läßt sich dies, wenn man sich den Sitz des Reiters auf einer Abbildung aus „Ecole de Cavalerie" anschaut (Abbildung 17).

Bei allen Lektionen sitzt der Reiter mit gebogener Nierenpartie zu Pferde. Daher müßte die Übersetzung sinngemäß heißen: „Seine Nierenpartie gebogen halten und in dieser Stellung belassen."

Der Übersetzer war entweder des Reitens unkundig und übernahm aus einer Reitlehre die These vom Kreuzanziehen oder er war selber Reiter und darin unterrichtet worden. Wie dem auch sei, in jedem Falle wurde durch die falsche Übersetzung eine große Verwirrung angerichtet, mußte der Leser doch annehmen, daß das Kreuzanziehen zum klassischen Dressursitz gehöre. Daß dies nicht so ist, findet man in Guérinières Buch „Reitkunst oder gründliche Anweisung" (1817) bestätigt. In der Übersetzung des weiland Fürstlich Oranien-Nassauischen Bereiters J. Daniel Knöll heißt es: „Gleich darauf, nachdem man die Zügelhand gestellt hat, muß man sich genau in die Mitte des Sattels setzen, mit hervorgebrachtem untern Theil des Leibes und Gesäßes, damit man nicht bei die hintern Sattelpauschen zu sitzen komme. Die **Lendenwirbelbeine** muß man **gebogen** und **state** halten, um der Bewegung des Pferdes zu widerstehen."

Es kann also gar keine Rede davon sein, daß Guérinière das Anziehen des Kreuzes empfohlen habe, um „auf die Bewegung des Pferdes eingehen zu können". Bei ihm ist auch nichts davon zu finden, daß das Pferd mit angezogenem Kreuz nach vorn zu drücken sei. Es steht auch nichts davon geschrieben, daß jegliche Hilfe vom Anziehen des Kreuzes begleitet sein müsse, weder die treibenden, noch die verhaltenden Hilfen. Sehen wir uns noch einmal den Sitz des Reiters auf der Abbildung 17 an: Der Kopf ist getragen, der Oberkörper aufgerichtet, die Schultern sind zurückgenommen, die Brust leicht vorgewölbt, die Oberarme liegen locker am Oberkörper, die Hände befinden

sich vor dem Leib, der leicht vorgewölbt ist, die Nierenpartie ist gebogen, das Knie tief und der Reiter sitzt
tief im Sattel. Dieser Sitz ist der klassische Dressursitz, ich möchte ihn
den „Guérinière-Sitz" nennen, aus
Hochachtung und Respekt vor den
Verdiensten Guérinières um die klassische Reitkunst.

Die französische Reitliteratur und das Kreuz.

Wenn man meint, daß das Wort
„Kreuz" in der französischen Reitliteratur keine Rolle spiele, so ist das ein
Irrtum. Wir erfahren dies durch Carl
Gräfe, der uns in seinem Buch: „Die
Haltung und der Sitz des Reiters —
Ein Beitrag zur Geschichte der Reitkunst" (1861) über die Auffassungen
französischer Reitmeister zum Dressursitz unterrichtet. Eine große An-
zahl von Autoren wird von Gräfe zitiert und kommentiert. Der erste, der
das Wort „Kreuz" bei der Beschreibung des Reitsitzes verwendete, war
wohl François Antoine de Garsault
(1741), schrieb er doch: „. . . halte das
Kreuz fest und biege es ein wenig
durch . . ." Auch bei den weiteren,
mehr als dreißig Autoren, deren Bü-
cher bis zum Jahre 1853 erschienen
sind, und von Gräfe zitiert werden, ist
das Wort „Kreuz" zu finden. Dabei
gab es durchaus unterschiedliche
Auffassungen darüber, ob das „Kreuz
nach vorn gedrückt" oder „ge-
krümmt" werden sollte. Fraglich ist,
welcher Teil der Wirbelsäule mit der
Bezeichnung „Kreuz" gemeint
wurde. Offensichtlich war es nicht

das Kreuzbein, also der Teil der Wirbelsäule, der auch zum Becken gehört, sondern ein Teil des Rückens,
die Lendenwirbel eingeschlossen.

Einige Autoren verlangen bei der Beschreibung des Sitzes die Biegung der
Lendenwirbelsäule nach vorn, so
Mottin de la Balme (1773) und
Cordier (1824). Zu ihnen gehört auch
P. A. Aubert (1836), ein sehr anerkannter Reiter und Militärausbilder,
indem er schrieb: „Nur in den Lendenwirbeln darf das Kreuz gebogen
sein und dadurch erhält es die zur
Aufnahme und Linderung der Stöße
erforderliche Geschmeidigkeit."

Die Reitmeister Frankreichs hatten
sich seit Mitte des 18. Jahrhunderts in
zwei miteinander konkurrierende
und sich zum Teil befehdende Gruppen gespalten, und zwar in die Gruppe
der Militärreiter und die der akademischen Schulreiter, wobei sich letztere
auf Guérinière stützten. Angesichts
dieser Bildung von zwei Lagern verwundert es nicht, daß auch Gegen-
meinungen zu den Auffassungen
Guérinières laut wurden. So forderte
Marquis Ducroc de Chabannes (1827)
eine „vertikale Richtung" des Kreuzes, was ihn die Stellung eines Civil-
Stallmeisters an der Instruktions-
schule der Kavallerie kostete. Andererseits schrieb Comte d'Aure (1852),
der als Geländereiter zeitweilig der
Kavallerieschule Saumur vorstand:
Das Kreuz „müsse gerade, fest und in
seiner Haltung sicher sein und einen
mittleren Grad seiner Biegung haben, damit es denselben im Notfalle
vergrößern oder verkleinern kann".
P. E. Lamotte (1853) hingegen, zum

35

Lager der Schulreiter gehörend, vertrat die Auffassung, daß „die Lendenwirbel die nötige Biegsamkeit behalten müßten . . .“

Sicherlich wäre es mit dem Wesen des Menschen unvereinbar, wollte man von mehr als dreißig französischen Reitmeistern, die nach Guérinière in ihren Büchern zur Haltung des Reiters im Dressursitz Stellung nahmen, eine einheitliche Auffassung erwarten. Unbestritten ist jedoch, daß die Lehren Guérinières über den Sitz einen nachhaltigen Einfluß auf eine große Zahl französischer Reitmeister ausübten, auch auf solche, die dem Lager der Militärreiter angehörten.

Lassen wir abschließend Carl Gräfe (1861) zu Worte kommen, der zum Streit einiger Autoren über die Stellung der Lendenwirbelsäule im Sitz schrieb: „Ob der Mensch steht oder sitzt, so lange er den Oberleib gerade behält, bleibt seinem Kreuz die ihm eigentümliche Wölbung der Lendenwirbel nach vorn unter allen Umständen.“

„Géricaults“ Zähmung — und der Sitz.

Waldemar Seunig widmet sich in seinem fesselnd geschriebenen Buch „Meister der Reitkunst“ (1981) u. a. dem Franzosen François Baucher (1796 – 1873). Dieser war wegen seiner Theorien zeitweilig heftig umstritten, erst in seiner Reife hat er sie revidiert.

Ohne Zweifel war Baucher einer der genialsten Reiter seiner Zeit — als erster hat er die Galoppwechsel im Einertempo geritten. Berühmt wurde Baucher in Paris durch den Vollblüter „Géricault“, der keinen Reiter auf seinem Rücken duldete. Nur einem Schüler Bauchers war es einmal gelungen, den Vollblüter für kurze Zeit zu reiten, ohne abgeworfen zu werden. Da verkündete Baucher öffentlich, „Géricault“ innerhalb von sechs Wochen im Zirkus von Paris vorreiten zu wollen. Bereits nach vier Wochen stellte er das Pferd der Öffentlichkeit in allen Gangarten vor, sogar mit fliegenden Galoppwechseln und Pirouetten. Die Sensation war perfekt. Wie war so etwas möglich, welchen Sitz hatte Baucher?

Waldemar Seunig beschreibt ihn als „Sitzriesen“ mit kurzen, rundschenkeligen Beinen und schlechter Kopfhaltung. „Das oft nach rückwärts gleitende, üppig entwickelte Gesäß vermittelte den Eindruck eines hohlen Kreuzes“, so Seunig wörtlich. Offensichtlich wird hiermit das Geheimnis gelüftet: Der sehr rückenempfindliche „Gericault“ warf jeden Reiter ab, der nicht rückenentlastend sitzen konnte. Baucher beherrschte diese Kunst, saß er doch mit gebogener Nierenpartie zu Pferde — von Kreuzanziehen keine Spur.

Ich weiß nicht — was soll das bedeuten?

Sadko G. Solinski hat sich als sprachenkundiger Schweizer mit seinem

36

Abb. 18 François Robichon de la Cuérinière neben einem Reitschüler. (Aus Ecole de Cavalerie, 1733)

37

L'ÉCUYER EN CHEF

Écuyer en chef en tenue de gala montant un cheval au piaffer

The Écuyer en chef in full dress uniform demonstrating the piaffe

Écuyer en chef auf einem piaffierenden Pferd · Galaanzug

Abb. 19 Hohe Schule in Saumur: Der Chef-Reitlehrer im klassischen Dressursitz in der Piaffe. Der Sitz des Reiters und die Haltung des Pferdes können schöner nicht sein.

Buch „Reiter, Reiten, Reiterei" (1983) sehr gründlich mit der europäischen Reitliteratur umgesehen. Er meint, daß es in der gesamten Reitliteratur Englands, Frankreichs, Italiens und Spaniens nur eine einzige Stelle gäbe, bei der man sich mit „einer Art des Kreuzanziehens beschäftigt". Sie stamme von dem französischen General L'Hotte, der in einer seiner Schriften ausführte, es könne in gewissen Ausnahmesituationen zu Pferde von Bedeutung sein, „savoir soutenir son rein", von Solinski übersetzt mit „seine Nierenpartie unterstützend einsetzen." — Ob damit eine Art Kreuzanziehen im Sinne Müselers gemeint ist, ist doch sehr fraglich. Des weiteren zitiert Solinski den bekannten französischen Dressurreiter Patrick Le Rolland, der einmal auf die Frage, inwiefern er mit Kreuz reite, geantwortet haben soll: „Ich weiß nicht, was soll das bedeuten?"

Saumur und das Kreuzanziehen.

Obwohl einige Militärreitlehrer Frankreichs, wie wir vernommen haben, zu Auffassungen neigten, die der von Müseler vertretenen Lehre vom Kreuzanziehen ähnlich waren, konnten sich diese in der französischen Kavallerieschule Saumur offensichtlich nicht durchsetzen. So berichtet Waldemar Seunig (1981), daß man während seines Aufenthaltes als Gastreiter im Jahre 1921 in Saumur keinen Wert auf ein „richtig angespanntes Kreuz" legte, sondern daß es üblich war, mit „gewölbtem Kreuz" zu reiten.

Die seit dem Jahre 1763 bestehende Kavallerieschule Saumur wurde im Jahre 1972 in eine nationale Reitschule umgewandelt. Wenn man französische Dressur — und Springreiter mit gebogener Nierenpartie zu Pferde sitzen sieht, besteht kein Zweifel, daß die Lehren de la Guérinières auch heute noch in Saumur Gültigkeit haben.

Der klassische Dressursitz, nicht nur in Frankreich zu Hause.

Um keine Mißverständnisse aufkommen zu lassen, der von Guérinière beschriebene klassische Dressursitz ist nicht seine Erfindung. Aber dadurch, daß er als königlicher Chefreitlehrer in Paris den schweren italienischen Sattel abschaffte, bei dem eine lockere Haltung des Beines nicht möglich war, hatte Guérinière maßgeblichen Anteil an der Entwicklung dieses Sitzes.

Für den „Guérinière-Sitz" ist neben der Aufrichtung des Oberkörpers die natürliche Beckenstellung mit gebogener Nierenpartie kennzeichnend, wobei die Unterschenkel des Reiters vom Knie locker herabhängen. Zu Zeiten Pluvinels wurden die Unterschenkel noch angespannt nach vorn gestreckt. In Deutschland war dieser Sitz noch zu Guérinières Zeiten üblich. Wir wissen dies durch die weithin bekannten Stiche von J. E. Ridinger, die er in seinem Buch: „Vorstellung und Beschreibung derer Schul und Campagne Pferden nach ihren

Lektionen" im Jahre 1760 veröffentlicht hat.

Die Spanische Reitschule in Wien nimmt für sich in Anspruch, seit 250 Jahren nach den klassischen Regeln eines François Robichon de la Guérinière zu reiten. Es verwundert daher nicht, daß zahlreiche berühmte Oberreiter der Spanischen Reitschule, wie von Weyrother (1814 – 1833), Gebhardt (1865 – 1897), Meixner (1885 – 1916), Zrust (1902 – 1940) und Polak (1917 – 1942) auf alten Bilddokumenten im klassischen Dressursitz im Sinne Guérinières zu bewundern sind. In diesem Sitz wird bis zum heutigen Tage in Wien geritten.

Im Deutschland des 19. Jahrhunderts waren hochverdiente Stallmeister als Militärbeamte an den Militärreitschulen tätig. Unter ihnen war auch Franz Gebhardt († 1918), langjähriger Oberbereiter an der damaligen Spanischen Hofreitschule in Wien. Man kann davon ausgehen, daß für sie der „Guérinière-Sitz" als klassischer Dressursitz selbstverständlich war und daß sie ihre Schüler entsprechend unterrichtet haben. Große deutsche Reiter, wie Felix Bürkner (1883 – 1957), Otto Lörke (1889 – 1957) und natürlich Julius Walzer († 1942) sowie die Brüder Oscar Maria und Gustav Stensbeck haben den klassischen Dressursitz in unser Jahrhundert hinüber gerettet. Auf zahlrei-

Abb. 20 Johann Hinnemann auf Malte im klassischen Dressursitz im Galopp. Deutsche Meisterschaften der Dressurreiter, Berlin 1989.

Abb. 21 Jean Bemelmans im klassischen Dressursitz auf Robin Fly, Übergang vom Galopp zum Halten. Dressurprüfung Klasse S, München 1990.

chen Bildern finden wir bestätigt, daß sie in diesem Sinne geritten sind. Somit finden wir die Erklärung, warum auch einige deutsche Dressurreiterinnen und -reiter der Gegenwart im klassischen Guérinière-Sitz reiten, unbeeinflußt von der offiziellen Lehre vom Anziehen des Kreuzes. Sie hatten offensichtlich das Glück,

Lehrer zu haben, die sie in dieser Weise unterrichteten.

Beispielgebend hierfür werden zwei der gegenwärtig besten deutschen Dressurausbilder und -reiter, Johann Hinnemann und Jean Bemelmans, auf den Abbildungen 20 und 21 gezeigt.

4. Die Anatomie des Pferdes und des Reiters — Schlußfolgerungen für den Sitz.

Die Rückenmuskulatur des Pferdes, Schlüssel zum Sitz — Kopf und Hals des Pferdes — Die Wirbelsäule des Menschen, Feder für den Sitz — Das Becken, ein Scharnier — Die Oberschenkel, keine Klammer — Die Haltung des Kopfes.

Im vorigen Kapitel habe ich den klassischen Dressursitz im Sinne

Guérinières ausführlich beschrieben, unter Berufung auf sein im Jahre 1733 erschienenes Buch „Ecole de Cavalerie". Daß der Reiter so zu Pferde sitzen sollte, erfühlte man zu damaliger Zeit, und die Richtigkeit dieses Sitzes erkannte man am Gang und an der Haltung des Pferdes. Eines weiteren Beweises bedurfte es nicht.

Zweihundert Jahre später erschien Müselers „Reitlehre" (1933), in der das Kreuzanziehen als die Grundlage des Sitzes herausgestellt wurde. Eine Begründung hierfür und einen Beweis für die Richtigkeit dieser These gab es nicht — aber viele übernahmen sie als die „klassische" Lehre vom Sitz, nach der bis zum heutigen Tage angehende Reitlehrer in Deutschland ausgebildet werden.

Der Beweis für die Richtigkeit der Lehre Guérinières und für den Irrtum der These vom Kreuzanziehen läßt sich erbringen, wenn man sich mit der Anatomie des Pferdes und des Reiters befaßt; dies soll nun im folgenden Kapitel geschehen. Hierbei stütze ich mich auf das Buch von Udo Bürger und Otto Zietzschmann: „Der Reiter formt das Pferd — Tätigkeit und Entwicklung der Muskeln des Reitpferdes" (1939) sowie auf das „Gymnasium des Reiters" (1978) von Heinrich und Volker Schusdziarra und auf das Lehrbuch „Anatomie" (1989) von H. Lippert.

Die Rückenmuskulatur des Pferdes, Schlüssel zum Sitz.

Die Rückenmuskulatur des Pferdes, die der Reiter durch seinen Sitz bela-

stet, hat von Natur aus nicht die Aufgabe, eine Last zu tragen. Vielmehr dient sie der Fortbewegung des Pferdes. Dies ergibt sich dadurch, daß die sogenannten **langen Rückenmuskeln** des Pferdes, rechts und links entlang der Wirbelsäule gelegen, mit den **Kruppmuskeln** verbunden sind, die den Abschub aus der Hinterhand besorgen. Im Schritt und Trab dehnt sich der lange Rückenmuskel auf der Seite des vorschwingenden Hinterbeines, während er sich auf der Seite des abfußenden Hinterbeines zusammenzieht. In diesen beiden Gangarten bewegen sich also die beiden langen Rückenmuskeln gegenläufig. Im Galopp dagegen fußen die beiden Hinterbeine des Pferdes kurzfristig hintereinander ab und schwingen vor, so daß die beiden langen Rückenmuskeln sich nicht gegenläufig dehnen und spannen, sondern dies ziemlich gleichgerichtet tun.

Die unverkrampfte, schwungvolle Vorwärtsbewegung des Pferdes ist abhängig von einem unverspannten Dehnen und Spannen der Rückenmuskulatur, steht sie doch einerseits in Verbindung mit den **breiten Rückenmuskeln** — sie übertragen die Bewegung auf die Schultern und Oberarme des Pferdes — und andererseits mit den **Bauchmuskeln,** die am Vorschwingen der Hinterbeine, an der Wölbung des Rückens und an der Atmung beteiligt sind. Hält das Pferd seinen Rücken fest, kann es somit keine Schulterfreiheit, keinen federnden Schwung aus der Hinterhand und keine freie, tiefe Atmung haben. Schließlich sind die langen Rückenmuskeln mit mehreren mächtigen Muskeln der Hinterhand verbunden und dadurch an der Hankenbiegung beteiligt, dem Beugen im Hüft-, Knie- und Sprunggelenk beim Auffußen des Hinterbeines. Die Hankenbiegung ihrerseits bewirkt die Aufrichtung des Pferdes, eine Entlastung der Vorhand und einen federnden Gang. Gelenke, Knochen, Sehnen und Muskeln des Pferdes werden hierdurch vor einem vorzeitigen Verschleiß bewahrt. Aus diesen Zusammenhängen wird deutlich, welche zentrale Aufgabe die Rückenmuskeln des Pferdes für seine Vorwärtsbewegung übernehmen. Das Pferd kann also nur losgelassen gehen, wenn seine Rückenmuskulatur durch den Sitz des Reiters nicht behindert wird, und ein unverspanntes Dehnen und Spannen der langen Rückenmuskeln möglich ist.

Kopf und Hals des Pferdes.

Kopf und Hals haben wichtige Funktionen bei der Vorwärtsbewegung und beim Tragen des Reitergewichtes, erstreckt sich doch ein sehniges Nackenband vom Genick bis zum Widerrist. Von dort verläuft ein weiteres sehniges Band bis zu den Lendenwirbeln. Somit sind Kopf und Hals mit den langen Rückenmuskeln verbunden. Die Halsmuskeln und das Nackenband des Pferdes können durch ihre Verbindung zu den Dornfortsätzen der Rücken- und Lendenwirbel eine Aufwölbung des Rückens bewirken. Sie erfolgt durch ein Strecken des Halses und eine Aufrichtung der Dornfortsätze der Rük-

kenwirbel, wodurch sich die Rückenmuskeln lockern können.

Aus diesen Zusammenhängen wird deutlich, welche verheerende Wirkung eine starre, rückwärtsgerichtete Zügelhand des Reiters oder der Schraubstock des Schlaufzügels hat. Eine unverspannte Tätigkeit der Rückenmuskeln wird hierdurch zunichte gemacht, was eine vorzeitige Außerdienststellung des Pferdes durch chronische Rücken- oder Beinschäden zur Folge haben kann.

Die Wirbelsäule des Menschen, Feder für den Sitz.

Es wurde bereits darauf hingewiesen, daß sich die langen Rückenmuskeln des Pferdes nur dann ohne Verkrampfung dehnen und spannen können, wenn sie durch den Sitz des Reiters daran nicht gehindert werden. Wie aber soll das geschehen? Hier fällt der Wirbelsäule des Menschen eine wichtige Aufgabe zu. Sie übt gleichzeitig mehrere Funktionen aus, als da sind:
— sie ist das Stützgerüst des Körpers;
— sie ist die zentrale Feder des Körpers;
— sie ist an der Erhaltung der Balance beteiligt;
— sie schützt das Rückenmark und das zentrale Nervensystem.

Die Wirbelsäule kann im Reitsitz diese Funktion nur dann uneingeschränkt ausüben, wenn sie ihre natürliche Krümmung behält und durch die Oberkörperaufrichtung in eine federnde Spannung gebracht wird.

43

Den Aufbau und die **natürliche Krüm-mung** der Wirbelsäule zeigt die Abbildung 22. Die Wirbelsäule setzt sich aus sieben Halswirbeln, zwölf Brustwirbeln, fünf Lendenwirbeln, dem Kreuzbein (mit fünf zusammengewachsenen Wirbeln) und dem Steißbein (mit drei bis fünf rückgebildeten Wirbeln) zusammen. Die zwischen den Wirbeln liegenden Bandscheiben sind für die passive Beweglichkeit und Federwirkung der Wirbelsäule verantwortlich, die durch ihre doppelt-S-förmige Krümmung noch wesentlich verstärkt wird. Im Bereich der Lendenwirbel ist sie konkav, nach hinten hohl, gebogen. Durch den aufrechten Gang des Menschen hat sich zwischen der Bandscheibe des 5. Lendenwirbels und dem Kreuzbein ein Knick herausgebildet, der „Lenden-Kreuzbeinknick" der Wirbelsäule (siehe hierzu Abbildung 22). Diese Bandscheibe ist daher beim Gehen und Sitzen besonders großen Belastungen ausgesetzt. Die natürliche Krümmung der Wirbelsäule bewirkt also eine gebogene Nierenpartie, um mit Guérinière zu sprechen. Beim Anziehen des Kreuzes und dem damit verbundenen Abkippen des oberen Beckenrandes nach hinten wird die Lendenwirbelsäule in eine **gerade Stellung** gebracht. Die Wirbelsäule verliert dadurch einen wesentlichen Teil ihrer Federkraft. Außerdem erhöht sich der Druck auf die Wirbel beträchtlich. So beträgt dieser beim Sitzen mit natürlich gekrümmter Wirbelsäule 135 kp, beim Sitzen mit angezogenem Kreuz dagegen 190 kp, wie dies physikalische Messungen ergeben haben (Mitteilung der Büromöbelfabrik Friedrich-W. Dauphin).

Das Kreuzbein ist sowohl ein Teil der Wirbelsäule als auch des Beckens. Diesem fällt beim Reitsitz eine wichtige Aufgabe zu.

Das Becken — ein Scharnier.

Das Becken setzt sich aus dem Kreuzbein und den beiden seitlich befindlichen Hüftbeinen zusammen. Diese bestehen aus dem Darmbein, dem Schambein und dem Sitzbein (Abbildungen 23 und 24). Schambein und Sitzbein gehen von vorn nach hinten ineinander über. Auf ihnen sitzt der Reiter balancierend, auf ihnen schwingt das Becken im Rhythmus des Ganges, gemäß den sich dehnenden und spannenden langen Rückenmuskeln des Pferdes. Die Sitzbeinäste laufen nach hinten schräg auseinander, bei der Frau noch stärker als beim Manne. Dadurch bekommt der Balancesitz eine zusätzliche Stabilität. Im Sitzen kann man den Verlauf mit der Hand erfühlen. Nach unten ist das Becken durch einen Muskel dicht verschlossen, lediglich durch den Mastdarm und die Harnröhre durchbrochen, bei der Frau noch durch die Vagina. Die beiden Hüftbeine und das Kreuzbein sind durch eine Vielzahl von Bändern **fest miteinander verbunden**. Alle Kipp- und Drehbewegungen führen diese drei Beckenteile daher zusammen aus. Wird eine Hüfte vorgenommen, muß die andere in gleicher Länge zurückgenommen werden. Hebt sich eine Hüftseite, muß sich die andere entsprechend senken. Wird der obere Beckenrand nach hinten abgekippt,

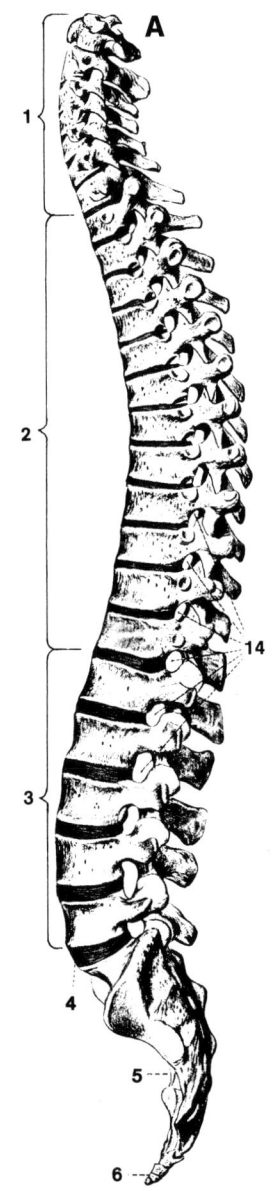

Abb. 22 Die menschliche Wirbelsäule

A = *Die Wirbelsäule von links; die Größe der*
    Wirbelkörper nimmt von der Hals- über die
    Brust- zu der Lendenwirbelsäule hin zu.
1 = *Halswirbel*
2 = *Brustwirbel*
3 = *Lendenwirbel*
4 = *Lenden − Kreuzbeinknick der Wirbelsäule*
5 = *Kreuzbein*
6 = *Steißbein*
14 = *Zwischenwirbelloch*

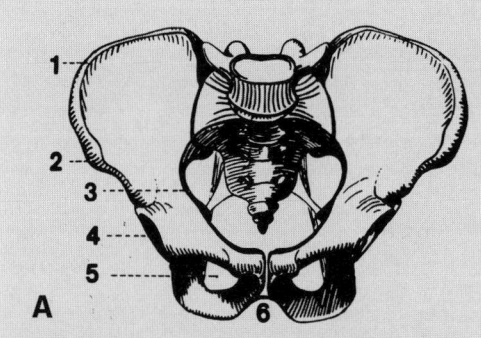

Abb. 23 Menschliches Becken.

A = Männliches Becken von vorn.
1 = Darmbein
2 = Vorderer oberer Darmbeinstachel
3 = Grenzlinie zwischen großem und
    kleinem Becken
4 = Hüftgelenkpfanne
5 = Hüftloch
6 = Schambeinwinkel

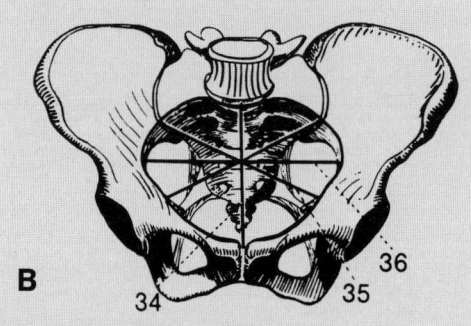

B = Weibliches Becken von vorn.

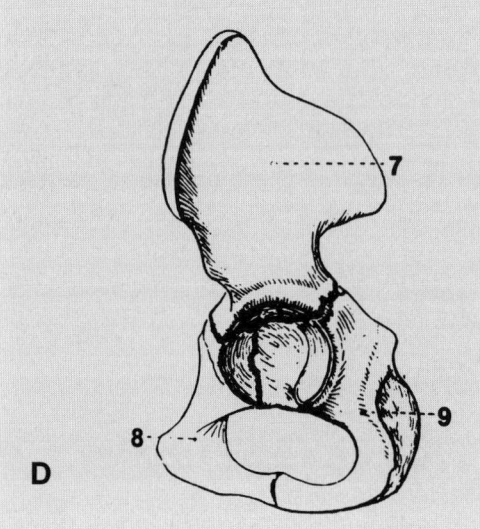

Abb. 24 Hüftbein eines 14jährigen Kindes.

D = Hüftbein
7 = Darmbein
8 = Schambein
9 = Sitzbein

muß sich der untere Teil des Beckens entsprechend heben — und umgekehrt.

Das Becken ist an drei Stellen mit dem übrigen Körper **beweglich verbunden,** rechts und links mittels der Hüftgelenke mit den Beinen, hinten mittels des Kreuzbeins mit dem 5. Lendenwirbel der Wirbelsäule. Soll die natürliche Beckenstellung durch eine bewußte Muskelbetätigung während des Sitzens auf einem Stuhl oder im Sattel verändert werden, so ist dies sowohl nach hinten als auch nach vorn möglich. Das Abkippen der Darmbeinschaufel nach hinten (Anziehen des Kreuzes) geschieht nach H. und V. Schusdziarra durch die „Muskeln der vorderen Bauchwand, die den Beckenring vorne anziehen". Nach Lippert sind dabei auch noch der große Gesäßmuskel und die Sitzbein-Unterschenkelmuskeln beteiligt. Das Abkippen der Darmbeinschaufel nach vorn (Hohlkreuzstellung) erfolgt nach Lippert durch die tiefen Rückenstreckmuskeln, — sie liegen im Bereich der Lendenwirbelsäule — sowie durch den vierköpfigen Oberschenkelmuskel — auf der Oberseite des Oberschenkels gelegen. Außerdem sind auch noch die Oberschenkelanzieher — an der Innenseite des Oberschenkels gelegen — beteiligt.

Das passive Mitschwingen des Beckens im Reitsitz mit der sich dehnenden und spannenden Rückenmuskulatur des Pferdes ist nur durch eine entsprechende Oberkörperaufrichtung des Reiters möglich, wodurch der Bauchraum frei gemacht und die Rippenbögen angehoben werden. Hieran sind vor allem die tiefliegenden Rückenmuskeln beteiligt, aber auch der kleine Brustmuskel, der von den oberen Rippenbögen entlang der Achselhöhle zum Schlüsselbein verläuft. Die Oberkörperaufrichtung hat ein leichtes Abkippen des oberen Beckenrandes nach vorn zur Folge, wodurch die Nierenpartie deutlich gebogen wird. Wird dagegen durch Kreuzanziehen der obere Beckenrand nach hinten gekippt, wird hierdurch die Oberkörperaufrichtung behindert. Außerdem werden dadurch die Knie hochgezogen, bedingt durch die Verbindung der Hüftgelenkspfanne mit dem Oberschenkelknochen. Ein hohes Knie ist aber für die Gewichtsverteilung ungünstig, worauf wir später noch zu sprechen kommen.

Die Oberschenkel, keine Klammer.

Die Oberschenkel haben ebenfalls eine wichtige Funktion für den Reitsitz. Die an der Innenseite des Oberschenkels gelegenen starken Oberschenkelanzieher sollen schmiegsam am Sattel anliegen und nicht klemmen. Die locker herabhängenden Oberschenkel (tiefes Knie) bringen von sich aus das Becken in eine leichte Kippstellung nach vorn, was die Federwirkung der Wirbelsäule begünstigt.

Die Haltung des Kopfes.

Die Haltung des Kopfes des Reiters ist sehr bedeutsam für den Sitz, hat sie doch auf die Federkraft der Wirbelsäule und auf die Gewichtseinwirkung des zu Pferde sitzenden Menschen einen erheblichen Einfluß.

Ein hängender Kopf nimmt der Wirbelsäule die federnde Spannung. Wird der Kopf vorgestreckt, bringt dies den Reiter aus dem „Lot". Hierdurch geht die natürliche Balance verloren, was im nächsten Kapitel noch eingehend behandelt wird. Außerdem kann die Übereinstimmung der Schwerpunkte von Reiter und Pferd beeinträchtigt werden, was dem Pferd das Tragen des Reitergewichtes erschwert. Auch hierauf wird später ausführlich eingegangen.

Kopf und Hals des Menschen sind mit zahlreichen Muskeln ausgestattet, wodurch ihre Stellung variabel verändert werden kann. Für einen Sitz, der dem Pferd das Tragen des Reitergewichtes erleichtert, sollte der Kopf leicht zurückgenommen und das Kinn leicht angehoben werden. Dabei soll sich der Reiter gleichsam mit dem Kopf nach oben ziehen, sich dem Pferd leicht machend. Die beschriebene Kopfstellung führt zu einer Gewichtsverlagerung auf die Schambein-Sitzbeinäste des Beckens und damit zu einem tiefen Sitz. Die Aufrichtung des Oberkörpers hat also beim Kopf zu beginnen.

Eine vorbildliche Kopfhaltung zeigt Reitmeister Jean Bemelmans auf der Abbildung 21 (Seite 41).

5. Die moderne Rückenschule in der Orthopädie: Das Kreuzanziehen schädigt die Wirbelsäule.

Regeln zur Gesunderhaltung der Wirbelsäule — Die Bandscheibe — Die Bewegungssegmente — Die Fehlhaltung des Körpers und ihre Folgen — Der Körper soll im „Lot" sein — Rückenkranke Reiter und Pferde —.

Regeln zur Gesundhaltung der Wirbelsäule

Viele Menschen in unserer Zivilisation leiden unter Rückenschmerzen. Auch Reiter sind hiervon nicht ausgenommen. Die Ursachen dieser Schmerzen können vielfältiger Art sein, eine sehr häufige ist die falsche Körperhaltung in den verschiedenen Lebenssituationen, also beim Sitzen, Gehen, Bücken, Aufstehen oder Tragen von Lasten. Die moderne Orthopädie verfolgt das Ziel, durch eine entsprechende Haltungsschulung den Wirbelsäulenschäden vorzubeugen oder bei chronischen Schäden Linderung der Schmerzen zu bringen (B. Reinhardt; 1989). Da die Erkenntnisse der modernen Orthopädie auch für den Reiter und sein Pferd von Bedeutung sind, sollen sie hier kurz gefaßt behandelt werden. Einige wichtige Regeln zur Erhaltung einer gesunden Wirbelsäule lauten:
— Halte Dich beim Sitzen, Gehen oder Stehen im Lot.

– Vermeide Fehlhaltungen Deines Körpers.
– Bewahre die natürliche Form Deiner Wirbelsäule.
– Erhalte die Stabilität Deines Rükkens, trainiere ihn regelmäßig.

Die Bandscheibe.

Die zwischen zwei Wirbeln liegende Bandscheibe besteht aus Knorpelschichten, die Wasser binden und quellen. Der hierdurch entstehende Quellungsdruck hält die Wirbel in einem gewissen Abstand zueinander. Hierdurch straffen sich die der Stabilisierung dienenden Bänder der Wirbelsäule; sie erhält die Flexibilität einer Weidengerte.

Die Bandscheiben sind einer unterschiedlichen Druckbelastung ausgesetzt, je nach Lage oder Haltung des Körpers oder der Schwere einer Last, die der Mensch trägt. So beträgt der Druck auf eine Bandscheibe beim liegenden Menschen nur 25 kg, hingegen beim Tragen eines Gewichtes von 50 kg bei runder Rückenhaltung fast 730 kg. Diese Belastung verringert sich auf nur 200 kg, wenn man beim Heben die Knie beugt und die Wirbelsäule in die natürliche Stellung bringt. Die Art des Reitsitzes und die sich daraus ergebende Haltung der Wirbelsäule hat demzufolge eine erhebliche Auswirkung auf die Gesundheit des Reiters – und des Pferdes. Der Sitz mit angespanntem Kreuz führt nicht nur zu einer erhöhten Druckbelastung der Wirbel und Bandscheiben, sondern auch zu einer einseitigen Belastung der Bandschei-

ben, was zum Bandscheibenvorfall führen kann.
Bei der doppelt-S-förmig gebogenen Wirbelsäule hingegen wird die einzelne Bandscheibe gleichmäßig belastet, da sich der Druck gleichmäßig auf die ganze Fläche der Bandscheibe verteilt.

Die Bewegungssegmente.

Rückenprobleme müssen nicht von der Bandscheibe herkommen, sie können auch durch Schäden an den Bewegungssegmenten der Wirbelsäule ausgelöst werden. Ein Bewegungssegment besteht jeweils aus zwei Wirbelgelenken, der dazwischen liegenden Bandscheibe und den zugehörigen Bändern und Muskeln. Fehl- oder Überbelastungen der Bewegungssegmente können diese schädigen, also auch eine falsche Körperhaltung beim Reiten (Kreuzanziehen).

Die Fehlhaltung des Körpers – und ihre Folgen.

Muskelverspannungen verursachen häufig Beschwerden im Nacken-, Rücken- oder Lendenbereich sowie an Armen und Beinen. Erst in neuerer Zeit hat man erkannt, daß eine krumme Rückenhaltung diese Schmerzen auslösen kann. Sie können durch eine entsprechende Oberkörperaufrichtung wieder völlig weggehen.

Bei Fehlhaltungen des Körpers werden bestimmte Muskeln nicht bean-

Haltungskorrektur – Teil der Rückenschule.

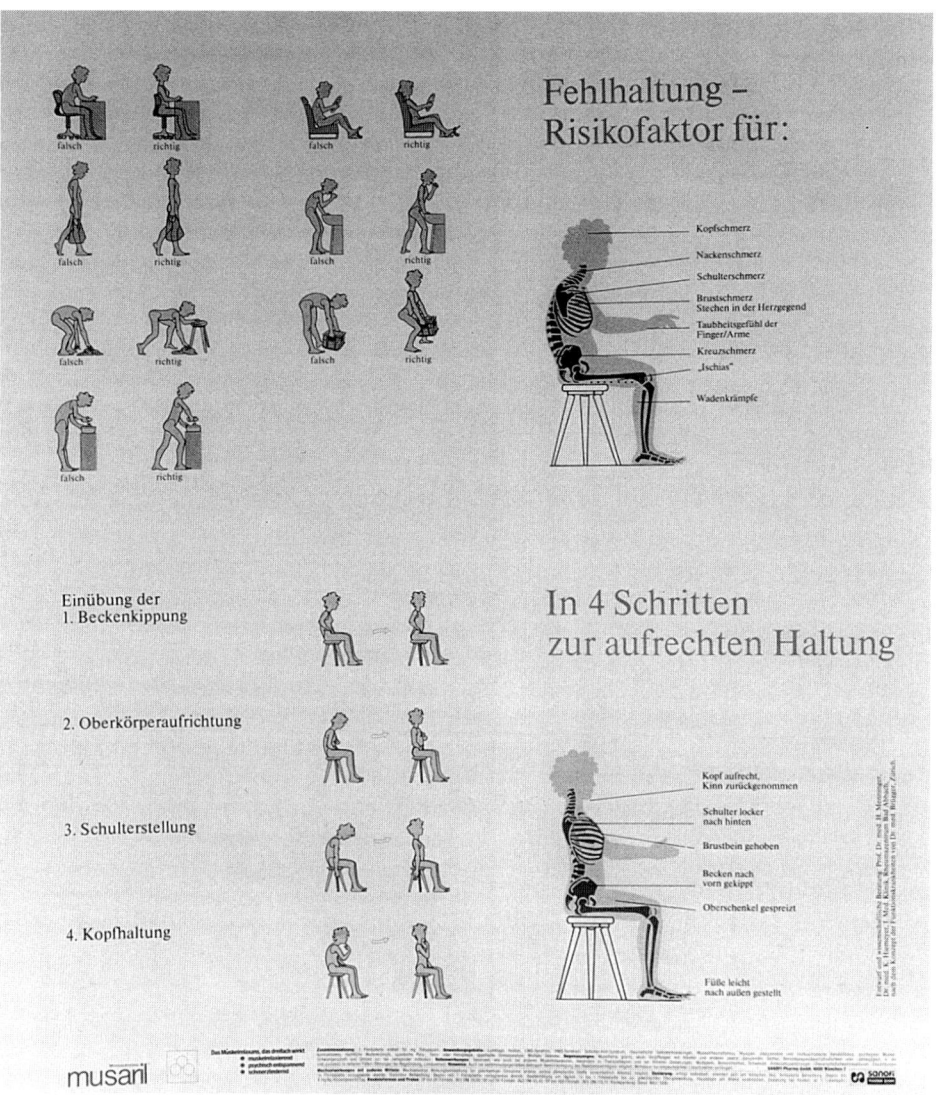

Abb. 25 Die falsche und die richtige Oberkörperhaltung im Sitzen.

sprucht, sie werden schlaff. Andere Muskeln müssen hierfür die Arbeit übernehmen, wodurch diese überlastet werden und verkrampfen. Eine Fehlhaltung des Reiters bei ständig angespanntem Kreuz, rundem Rükken und vorgestrecktem Kopf verhindert somit die gleichmäßige Belastung aller für den Reitsitz wichtigen Muskeln. Der Reiter ermüdet vorzeitig oder bekommt Muskelschmerzen.

Auch die Fehlhaltung des Menschen im Alltag, außerhalb der Reitstunden oder des Rittes, beeinträchtigt seine Gesundheit und die Fähigkeit, den Oberkörper während des Reitens unverkrampft aufzurichten. Eine stets nach vorn hängende Haltung des Oberkörpers führt zu einer Verkürzung der Brustmuskeln und zu einer Rückenkrümmung.

Ein Abkippen des Beckens nach hinten (Kreuzanziehen) beeinträchtigt die Funktionen aller Rückenmuskeln. Dadurch entstehende Muskelverspannungen vermindern die Durchblutung und die Sauerstoffversorgung der Muskeln, was zur Ansäuerung führt und Schmerzen auslöst.

Nimmt der Mensch im Alltag eine „bequeme" Haltung ein, läßt er also den Oberkörper hängen, kippt das Becken von allein nach hinten ab. Der Rücken wird dabei rund, der Hals ist vorgestreckt und zahlreiche Muskeln des Oberkörpers, die seiner Aufrichtung dienen, werden inaktiv und erschlaffen. Wenn Reiter im Alltag

häufig diese Haltung einnehmen, sind sie zu Pferde nicht imstande, ihren Oberkörper unverkrampft und ohne Anstrengung aufzurichten. Die falsche und die richtige Haltung des Oberkörpers im Sitzen zeigt die Abbildung 25.

Der Körper soll im „Lot" sein.

Besonders wichtig ist es, seinen Körper im Stehen, Gehen oder Sitzen im „Lot" zu halten. Das Lot entspricht einer Senkrechten, die als gedachte Linie von der Mitte des Schädeldaches zum Steißbein verläuft. Dies setzt eine Aufrichtung des Oberkörpers mit einer natürlichen Stellung der Wirbelsäule voraus. Sofern der Mensch nicht im Lot steht oder sitzt, kommt er in ein labiles Gleichgewicht. Dadurch muß er zusätzliche Muskelkräfte aufwenden, um der Schwerkraft der Erde zu widerstehen, also nicht umzufallen. Einzelne Muskelpartien werden dadurch überbeansprucht, andere gar nicht eingesetzt. Ein Reiter, der mit angespanntem Kreuz nicht im Lot zu Pferde sitzt, kann infolgedessen nicht losgelassen im Balancesitz reiten. Folglich kann auch sein Pferd nicht losgelassen gehen. Vielmehr muß es zusätzliche Muskelkräfte aufwenden, um die ungünstige Gewichtseinwirkung des Reiters auszugleichen. Dabei können auch beim Pferd schmerzhafte Muskelverspannungen auftreten. Widersetzlichkeiten sowie eine vorzeitige Abnutzung sind die unausbleibliche Folge.

Rückenkranke Reiter und Pferde.

Der verspannt zu Pferde sitzende, das Kreuz anziehende Reiter gefährdet somit nicht nur seine eigene Gesundheit, sondern auch die seines Pferdes. Immer wieder hört man, daß Röntgenaufnahmen der Wirbelsäule von lahmenden oder unrein gehenden Pferden krankhafte Veränderungen aufgezeigt haben. Möglicherweise stehen wir erst am Anfang neuer Erkenntnisse über die Gefährdung der Wirbelsäule des Pferdes unter der Last des Reitergewichtes, wobei das verspannende Kreuzanziehen eine vorrangige, negative Rolle spielen dürfte.

Abschließend ist festzustellen, daß der Guérinière-Sitz mit aufgerichtetem Oberkörper und gebogener Nierenpartie voll und ganz den Forderungen der Rückenschule der modernen Orthopädie entspricht, da die Wirbelsäule in natürlicher Krümmung belassen wird und der Reiter im Lot sitzt.

III. Sitz und Hilfengebung ohne Kreuzanziehen

6. Die Kriterien des klassischen Dressursitzes.

Die Absage an das Kreuzanziehen — Der Normalsitz — Kein Normsitz — Wann steht das Pferd am Kreuz? — Der hohe und der tiefe Sitz — Die passive Mobilität — Die Schwerpunkte von Reiter und Pferd.

Die Absage an das Kreuzanziehen.

Die in den beiden vorausgegangenen Kapiteln beschriebenen Erkenntnisse der Anatomie des Pferdes und des Reiters sowie die Aussagen der modernen Orthopädie über die richtige Körperhaltung des Menschen im Gehen, Sitzen und Stehen führen zwangsläufig zu der Schlußfolgerung, daß nur der von Guérinière beschriebene Sitz mit aufgerichtetem Oberkörper und gebogener Nierenpartie als der richtige Dressursitz anzusehen ist. Nur mit ihm weist die Wirbelsäule des Reiters die notwendige Federkraft und das Becken ein Höchstmaß an **passiver** Beweglichkeit auf, was den langen Rückenmuskeln des Pferdes ein ungehindertes Dehnen und Spannen ermöglicht. Dabei ist der Sitz trotzdem in sich gefestigt.

Das angezogene Kreuz hingegen, das eine Geradestellung der Lendenwirbelsäule zur Folge hat, beeinträchtigt die Federkraft der menschlichen Wirbelsäule. Außerdem ist die passive Beweglichkeit des Beckens erheblich eingeschränkt. Somit widerspricht die Lehre vom Kreuzanziehen allen anatomischen Erkenntnissen, sie ist als falsch abzulehnen.

Wie ist es möglich, daß sich in der deutschen Reiterei die These vom Kreuzanziehen durchsetzen konnte und immer noch als wichtigste

Grundlage des klassischen Dressursitzes angesehen wird?

Die Wurzeln dieser Fehlentwicklung gehen wahrscheinlich auf Autoren zurück, die bereits im vorigen Jahrhundert die Aussagen Guérinières über den Sitz in Zweifel zogen. So kritisierte Carl Gräfe (1861) dessen Auffassungen, indem er schrieb: „Ein Irrtum und sehr bedenklich für die Erhaltung des Sitzes auf dem Gesäß ist auch hier die Vorschrift des durchgebogenen Kreuzes, welche mit dem vorgeschobenen Gesäß durchaus nicht zu vereinbaren ist und eine Hauptschwäche der Theorie Guérinières bleibt."

Den Nährboden für die Lehre vom Kreuzanziehen bereitete u. a. Theodor Heinze (1873), indem er meinte, daß durch die senkrechte Richtung der Hüften die Lendenwirbel gerade gestellt werden müßten, damit die Wirbelsäule fester gestellt werde. So läßt sich erklären, daß deutsche Autoren dieses Jahrhunderts diese Auffassungen übernahmen und sie bis heute vertreten. Bedauerlicherweise wurden dadurch Zehntausende von Reitschülern auf einen falschen Weg geführt.

Der Normalsitz.

Für Kurt Albrecht (1990 b) ist der „Guérinière-Sitz", wie ich ihn nenne, mit dem „Normalsitz" identisch. Auch Seunig (1967) verwendet diesen Begriff. Für ihn stellt er die Grundform des Sitzes dar, am wenigsten ermüdend, mit geringstem Kraftauf-

wand möglich. Er wirkt von sich aus treibend, „weil er ohne jedes Dazutun des Reiters, nur durch sein in die Bewegung federndes, richtig gebrachtes Gewicht den Bewegungsablauf erhält". Der Schulsitz in den Lektionen der Hohen Schule ist für Seunig die „Idealform" des Normalsitzes. Steinbrecht (1966) hingegen verbindet mit dem Begriff Normalsitz die Vorstellung von den verkrampft-verspannt zu Pferde sitzenden Rekruten und vermeidet ihn daher.

Bei Anfängern kann natürlich die Oberkörperaufrichtung zunächst zu einer gewissen Verspannung führen. Wätjen (1966) ist jedoch der Auffassung, daß der junge Reiter sich von Anfang an einer Oberkörperaufrichtung befleißigen solle, auch wenn sie zunächst steif und ungeschickt aussehe. Durch fortgesetzte Übung werden sie dann „weich, geschickt und ungezwungen". Kurt Albrecht fordert von Reitanfängern ein Strecken des Oberkörpers nach oben, und zwar anfänglich so extrem, daß „der Reiter fast das Gefühl hat, mit seinem Gesäß den Sattel zu verlassen" (Persönliche Mitteilung, 1990 b).

Jedem Reiter mit schlechter Oberkörperhaltung ist der Rat zu geben, auch und vor allem außerhalb des Reitens — im täglichen Leben — sich einer guten Oberkörperhaltung zu befleißigen — und den Oberkörper bewußt aufzurichten. Dadurch hört das falsche und für die Wirbelsäule so schädliche Abkippen des oberen Beckenrandes nach hinten von alleine auf. Nur so kann man mit der Zeit eine ungezwungene Oberkörperaufrichtung zu Pferde erreichen, die auch eine natürliche, leicht nach vorn gekippte Stellung des Beckens zur Folge hat.

Kein Normsitz.

Selbstverständlich ist der klassische Dressursitz kein Normsitz, vor allem ist alles Steife und Gezwungene zu unterlassen. Der unterschiedliche Körperbau der Reiter einerseits und der Pferde andererseits vermittelt dem Zuschauer stets einen etwas anderen Eindruck vom Sitz der Reite-rinnen und Reiter. So ist auch deren natürliche Oberkörperhaltung unter-schiedlich sowie der Grad der Krüm-mung der doppelt-S-förmig geboge-nen Wirbelsäule. Häufig ist die Krümmung der Lendenwirbelsäule bei der Frau stärker ausgeprägt als beim Manne. Auch der Ausbildungs-grad des Pferdes kann gewisse Abwei-chungen der Oberkörperhaltung er-forderlich machen. Am Grundprin-zip des klassischen Dressursitzes, dessen Merkmale ein natürlich aufge-richteter Oberkörper, eine mehr oder weniger konkav gebogene Lenden-wirbelsäule bei natürlicher Becken-

Abb. 26 Die Oberkörperaufrichtung mittels der Rückenmuskulatur bringt die Lendenwirbelsäule in eine konkav gebogene Stellung (gebogene Nierenpartie im Sinne Guérinières). Johann Hinnemann auf Malte, Berlin 1989.

stellung ist, ändert sich natürlich nichts (siehe Abb. 26).

Wann steht das Pferd am Kreuz?

Es ist ein bekannter Ausspruch, daß das Pferd am Kreuz stehen müsse.

Soll damit die Notwendigkeit des Kreuzanziehens zum Ausdruck gebracht werden, also des Abkippens des oberen Beckenrandes nach hinten? Diese Forderung wäre falsch. Das Kreuz ist ja identisch mit dem Kreuzbein, also jenem Abschnitt der Wirbelsäule, das auch Teil des Beckens ist. Würde es nach hinten abgekippt, stünde das Pferd nicht am Kreuz(bein) des Reiters, sondern an seinem Bauch. Sitzt der Reiter hingegen mit gebogener Nierenpartie zu Pferde, steht es an seinem Kreuz (bein). Mit ihm und der Lendenwirbelsäule „widersteht der Reiter den Bewegungen des Pferdes", um mit Guérinière zu sprechen. Manche Reiter fragen, ob das Kreuzanziehen nicht nötigt ist, um in der Bewegung des Pferdes zu bleiben, also im Sattel nicht nach hinten zu rutschen? Letzteres verhindert man allein schon durch die Aufrichtung des Oberkörpers, eine Zurücknahme der Schultern und ein leichtes Vorwölben der Brust, ohne den Rücken durchzubiegen. Sollte es dennoch Probleme geben, kann es daran liegen, daß sich im ausgesessenen Trabe der Oberkörper vor der Senkrechten befindet. Der Reiter hat sich dann entsprechend zu korrigieren.

Der hohe und der tiefe Sitz.

Wenn Reiter mit angezogenem Kreuz zu Pferde sitzen, kommen sie häufig hoch aus dem Sattel heraus, man spricht dann von einem hohen Sitz. Woran liegt dies? Durch das Anziehen des Kreuzes sitzt der Reiter infolge des nach hinten abgekippten Beckens vermehrt auf den Sitzbeinästen und -höckern sowie auf einem Teil der Gesäßmuskeln. Dadurch kommt das Gesäß hoch aus dem Sattel. Anders im Guérinière-Sitz mit gebogener Nierenpartie. Hier sitzt der Reiter vermehrt auf den Schambein-Sitzbeinästen des Beckens und im Spalt. Dadurch kommt das Gesäß tief in den Sattel.

Die passive Mobilität.

Das ungehinderte Dehnen und Zusammenziehen der langen Rückenmuskeln des Pferdes ist ein Kennzeichen seiner Losgelassenheit. Auf der Seite des vorschwingenden Hinterbeines dehnt sich der Rückenmuskel, auf der Seite des abfußenden Hinterbeines zieht er sich zusammen. Im Viertakt des Schrittes und im Zweitakt des Trabes schwingen die Hinterbeine des Pferdes wechselseitig vor bzw. fußen ab. Im Guérinière-Sitz mit natürlicher Beckenstellung zieht der sich dehnende Rückenmuskel des Pferdes die entsprechende Beckenseite des Reiters nach vorn, wobei diese sich leicht senkt. Der gleichzeitig sich zusammenziehende Rückenmuskel auf der Seite des abfußenden Hinterbeines nimmt die andere Bekkenseite des Reiters im gleichen Maße zurück und hebt sie an. Erinnern wir uns, daß das menschliche Becken einem geschlossenen Ring gleicht, so daß die beiden Beckenhälften des Reiters im Schritt und Trab gegenläufige Bewegungen ausführen. Mit seiner passiv ablaufenden Beckenschwingung befindet sich der Reiter in voller Übereinstimmung mit der sich dehnenden und spannenden Rückenmuskulatur des Pferdes, wodurch er schmiegsam in dessen Bewegung eingehen kann. Im Dreitakt des Galopps schwingen die beiden Hinterbeine des Pferdes kurz hintereinander ab bzw. fußen auf. Dadurch ist das Dehnen und Spannen der langen Rückenmuskeln des Pferdes annähernd gleichgerichtet. Folglich sind es auch die passiv schwingenden beiden Beckenseiten des Reiters. Beim Vorschwingen der Hinterbeine des Pferdes senkt sich das Becken des Reiters und kippt leicht nach vorn, beim Auf- und Abfußen hebt es sich etwas und schwingt leicht zurück. Die leicht konkav gebogene Lendenwirbelsäule kommt dadurch jedoch nicht in eine gerade Stellung.

Im klassischen Dressursitz schwingt das Becken des Reiters passiv mit der Bewegung der Rückenmuskulatur des Pferdes mit, wodurch sich die Geschmeidigkeit des Sitzes ergibt. Jedes aktive Bewegen oder Drücken des Beckens entfällt, der Reiter kann sich voll auf sein Pferd und dessen Bewegung konzentrieren. Die Festigkeit des Sitzes ist durch die gebogene Nierenpartie sichergestellt, in jeder Phase der Bewegung, steht doch das

Pferd am Kreuz(bein) des Reiters. Der Guérinière-Sitz ermöglicht dadurch in allen Gangarten eine weitgehend ruhige Haltung von Kopf und Oberkörper des Reiters. Beim Sitz mit angezogenem Kreuz ist infolge eines festgehaltenen, nach hinten abgekippten Beckens oft ein unruhiger Oberkörper und − oder ein nickender Kopf zu beobachten. Dies ist auch leicht zu erklären: Infolge des fest gehaltenen Beckens müssen Oberkörper und Kopf die Rückenschwingungen des Pferdes auspendeln. Dies führt außerdem zu einer sich ständig verändernden Lage des Schwerpunktes des Reiters und erschwert dem Pferd das Tragen des Reitergewichtes.

Die Schwerpunkte von Reiter und Pferd.

Jeder, der schon einmal eine Last getragen hat, weiß wie wichtig es ist, mit dem eigenen Schwerpunkt unter den Schwerpunkt des zu tragenden Gegenstandes zu kommen. Gelingt dies nicht, erfordert das Tragen wesentlich größere Muskelkräfte, eine vorzeitige Ermüdung ist die Folge.

Auf das Reiten übertragen, ist es also wichtig, diese physikalische Gesetzmäßigkeit zu beachten. In der deutschen Reitliteratur wird daher mit Recht die Forderung erhoben, die Schwerpunkte von Reiter und Pferd in Übereinstimmung zu bringen (Steinbrecht, 1966). Französische Reitmeister sprachen schon vor mehr

57

als 200 Jahren von dem „Schwerpunkte des Menschen und des Pferdes und von der Lage des einen auf den anderen" (Paty de Cham, 1769). Der Franzose l'Hotte (1895) dagegen vermied den Gebrauch des Wortes Schwerpunkt und sprach von Gewichtsverteilung, da sich das Pferd in ständiger Bewegung befinde und der Reiter nicht auf einem Punkt sitze. — Mit beiden Ausdrücken wird aber das gleiche gemeint.

Nach Seunig (1967) liegt der Schwerpunkt eines natürlich gehenden Großpferdes ca. 35 cm hinter und über dem Ellbogenhöcker oder, anders ausgedrückt, im Bereich des 15. Wirbels des Pferdes. Der Schwerpunkt des aufrecht sitzenden Reiters liegt nach H. und V. Schusdziarra (1978) im Brustraum, vor der Wirbelsäule und nicht im Bereich des Bauches, wie fälschlich in der Reitliteratur mehrfach behauptet. Der Reiter kann daher durch eine entsprechende Haltung von Kopf und Oberkörper die für das Pferd günstigste Gewichtsverteilung vornehmen — und dies ermöglicht ihm wiederum der „klassische" Dressursitz im Sinne Guérinières am besten. Ein mit krummen Rücken und eingefallener Brust verspannt zu Pferde sitzender Reiter — häufig eine Begleiterscheinung des angezogenen Kreuzes — tut sich schwer, seinen Schwerpunkt mit dem des Pferdes in Übereinstimmung zu bringen. Auch das hierbei hochgezogene Knie hat eine ungünstige Verteilung des Reitergewichtes zur Folge.

L'Hotte (1895) berichtet über Messungen an 32 Pferden unterschiedlichen Körperbaues, die man mit der Vor- und Hinterhand auf zwei getrennte Waagen stellte, um die Verteilung des Eigengewichtes zu ermitteln. Hierbei wurde der Kopf der Pferde 45 Grad zur Senkrechten gehalten, eher tief als hoch. Dabei lag das Gewicht der Schultern etwa um $\frac{1}{9}$ des Gesamtgewichtes über dem der Hanken. Anders ausgedrückt betrug das Gewicht der Vorhand des Pferdes ca. 55,5 % seines Gesamtgewichtes, das seiner Hinterhand demzufolge ca. 44,5 % des Eigengewichtes. Bei Anheben des Kopfes verlagerten sich 10 kg von vorn nach hinten, beim Senken des Kopfes oder Beizäumen gegen die Brust 10 kg von hinten nach vorn. Ein mit gerade gehaltenem Oberkörper zu Pferde sitzender Reiter belastete die Vorhand seines Pferdes mit $\frac{2}{3}$ seines Gewichtes, sofern er den Oberkörper deutlich nach hinten neigte, zur Hälfte seines Gewichtes. Ein in den Bügeln stehender Reiter belastete die Vorhand des Pferdes mit $\frac{5}{6}$ seines Gewichtes. Die Tabelle 2 (Seite 59) verdeutlicht diese Zahlenangaben.

Für das Zahlenbeispiel in Tabelle 2 wurde ein Gewicht des Pferdes von 600 kg und ein Gewicht des Reiters von 72 kg angenommen. Der aufrecht zu Pferde sitzende Reiter belastet die Vorhand des stehenden Pferdes zusätzlich mit 48 kg, die Hinterhand mit 24 kg. Die Vorhand trägt somit 56,7 % des Gesamtgewichtes von Reiter und Pferd. Bei einem nach hinten geneigten Reiter vermindert sich der Gewichtsanteil der Vorhand auf 54,9 %, bei einem in den Bügeln stehenden Reiter erhöht er sich auf immerhin 58,5 %.

Tabelle 2

Die Verteilung des Eigengewichtes des Pferdes auf die Vor- und Hinterhand und der Einfluß der Körperhaltung des Reiters hierauf.

Das stehende Pferd und die Haltung des sitzenden Reiters	Die Gewichtsverteilung des Pferdes					
	Vorhand		Hinterhand		Gesamtgewicht	
	kg	%	kg	%	kg	%
1) Pferd stehend, ohne Reiter	333	55,5	267	45,5	600	100,00
2) Reiter gerade sitzend	48	67,7	24	33,3	72	100,00
3) Reiter nach hinten geneigt	36	50,0	36	50,0	72	100,00
4) Reiter i. d. Bügeln stehend	60	83,3	12	16,7	72	100,00
Pferd stehend + Reiter wie 2)	381	56,7	291	43,3	672	100,00
Pferd stehend + Reiter wie 3)	369	54,9	303	45,1	672	100,00
Pferd stehend + Reiter wie 4)	393	58,5	279	41,5	672	100,00

Bei der Beurteilung dieser Zahlen muß allerdings einschränkend gesagt werden, daß die Gewichtsverteilung des stehenden Pferdes nicht unbedingt identisch sein muß mit der eines sich vorwärts bewegenden Pferdes. Ein gut im Gleichgewicht gehendes, ohne Reitergewicht trabendes oder galoppierendes Pferd hebt sich vorn durch den Schwung aus der Hinterhand, so daß deren Belastung anteilmäßig zunehmen dürfte. Allerdings wird ein Pferd niemals mit den Hinterbeinen unter seinen Schwerpunkt treten, auch wenn sie noch so weit vor der Hufspur der Vorderbeine aufsetzen (von Josipovich, 1928).

Aus Tabelle 2 wird verständlich, daß es das Ziel jeder richtig ablaufenden Gymnastizierung des Pferdes ist, durch Hankenbiegung eine stärkere Belastung der Hinterhand zu erreichen. Dabei muß das Ausmaß der Hankenbiegung immer von der Veranlagung des Pferdes, seinem Alter und seiner Verwendung abhängig gemacht werden. Zur Erreichung dieses Zieles ist die Übereinstimmung der Schwerpunkte von Reiter und Pferd unerläßlich, wozu der klassische Dressursitz im Sinne Guérinières eine unabdingbare Voraussetzung ist.

7. Die Hilfen aus dem Sitz.

Was Du mit den Händen tun willst, tue es mit Deinem Sitz — Treibende Hilfen ohne Kreuzanziehen — Die Beine und die Schenkel des Reiters — Der Fuß und der Bügeltritt — Arme, Hände und Zügel — Das Zusammenwirken und der Einklang der Hilfen.

Was Du mit den Händen tun willst, tue es mit Deinem Sitz.

Diesen Ausspruch gab mein Lehrer Stefan von Mártonffy seinen Schülern fast in jeder Reitstunde mit auf den Weg. Er wollte ihnen damit nicht nur die Grundlagen guten Reitens vermitteln, sondern einem Zeitgeist entgegenwirken: Der Priorität der Hand über den Sitz.

Nun gibt es diese Unsitte nicht erst seit heute. Bereits der hoch anerkannte französische Meister, General L'Hotte (1895) schrieb, daß das Gebrauchspferd in der Campagnereiterei — was dem allgemeinen Militär- und Geländereiten entsprach — „mit den Hilfen der Hand regiert" werde. Diese Reiter beherrschten zwar den Hals ihrer Pferde, aber nicht deren Hinterhand, die Hanken. Bei einem gehorsamen Campagnepferd sei dies in vielen Fällen zwar ausreichend, es gebe aber Situationen, in denen der Reiter die Kontrolle über sein Pferd völlig verlieren könne, wenn er dessen Hinterhand nicht beherrsche. Und dies geht eben nicht mit Zügel und Hand, sondern nur mit dem Sitz. Allein der klassische Sitz im Sinne Guérinières, mit aufgerichtetem Oberkörper und gebogener Nierenpartie, versetzt den Reiter in die Lage, die Hinterhand seines Pferdes unter Kontrolle zu behalten. Mit diesem Sitz ist eine Hilfengebung möglich, die der Zuschauer kaum oder gar nicht wahrnimmt. Wer so zu Pferde sitzt, hat es nicht nötig, seiner Hand die Vorherrschaft zu überlassen, und er wird alle schwierigen Situationen

meistern, in die er mit seinem Pferd gerät.

Dies meinte mein Lehrer Stefan von Mártoffny, wenn er sich bemühte, diesen oben zitierten Satz seinen Schülern einzuprägen. Aus dem gestreckten Sitz mit gebogener Nierenpartie vermag der Reiter seinem Pferd Hilfen zu geben, die den Einsatz des Zügels zweitrangig machen. So dominiert der Oberkörper des Reiters beim Abwenden oder Wenden des Pferdes, beim Reiten auf gebogenen Linien oder auf zwei Hufschlägen (Seitengänge), beim Durchreiten der Ecken in der Reitbahn, ja sogar beim Durchparieren des Pferdes. Hierzu ist eine Geschmeidigkeit der Hüften notwendig, und so fordert denn auch Steinbrecht (1966): „Der Reiter müsse in den Hüften biegsam sein."

Treibende Hilfen ohne Kreuzanziehen.

Es ist allgemein anerkannt, daß die gefühlvoll treibenden Hilfen vorherrschen sollen. Erst wenn der Reiter auf dem Pferd zum Treiben kommt, fängt er an zu reiten. Dabei wird fälschlich in manchen Reitlehren das angezogene Kreuz als treibende Hilfe bezeichnet oder als notwendig erachtet, um die Einwirkung des Schenkels zu unterstützen. Weder bei Guérinière (1733) noch bei Steinbrecht (1966) findet sich eine solche Auffassung. Wie wir bereits erfahren haben, ist das unverspannte Dehnen und Spannen der

Abb. 27 Bohrendes Kreuz, Spornieren des Pferdes und zurückziehender Zügel, eine mißverstandene Gymnastizierung des Pferdes.

Abb. 28 Angezogenes Kreuz, treibende Sporen und zurückgerichtete Hand, das Pferd versteht es nicht.

61

Rückenmuskulatur des Pferdes zur lockeren Vorwärtsbewegung des Pferdes notwendig. Das Kreuzanziehen beeinträchtigt dies. So ist es ein tragisches Mißverständnis vom Reiten, wenn die auf den Abbildungen 27 und 28 gezeigten Reiter ihre Pferde mit bohrendem Kreuz, Schenkeln und Sporen bearbeiten und es dazu noch mit zurückziehenden Zügeln am Vorwärtsgehen hindern. Die Aufgabe des Treibens fällt allein den Beinen und Schenkeln des Reiters zu.

Die Beine und Schenkel des Reiters.

„Nächst der richtigen Haltung der Wirbelsäule ist die flache Lage des Oberschenkels ein Hauptgrundsatz der Lehre vom Sitz" (Steinbrecht, 1966). Der Reiter soll also die Innenfläche des Oberschenkels an das Blatt des Sattels schmiegen. Damit unterstützt er seine Balance und die Festigkeit des Sitzes, ohne mit den Oberschenkeln und Knien zu klemmen. Für Guérinière (1733) ist die beidseitige Einwirkung der **Oberschenkel und Knie** des Reiters eine treibende Hilfe. Den leichten Druck der **Unterschenkel** empfiehlt er nur, wenn das Pferd auf die treibenden Hilfen der Knie nicht reagiert. Dies soll als Vorwarnung dienen, daß der Einsatz der Sporen nicht mehr lange auf sich warten lassen wird. Diese Hilfen gelten für in der hohen Schule ausgebildete, sehr schenkelempfindliche Pferde. Heute ist die Einwirkung der Oberschenkel nicht mehr üblich. Begrün-

det wird es damit, daß die Pauschen des englischen Sattels dies nicht mehr zuließen. Bei den früher gebräuchlichen Schulsätteln habe man für die Pauschen Stoff oder sehr dünnes Leder verwendet, so daß die Einwirkung des Oberschenkels für das Pferd erkennbar war. Auch Steinbrecht (1966) empfiehlt noch, die Knie als treibende Hilfe einzusetzen, allerdings nur bei durchlässigen Pferden.

Die Unterschenkel sollen nach Guérinière locker aus dem Knie herabhängen, sich unmittelbar am Leib des Pferdes befinden, diesen aber nicht berühren. Steinbrecht und Seunig hingegen empfehlen die ständige sanfte Anlehnung des Unterschenkels am Pferdeleib. Den Mittelweg zwischen beiden Auffassungen wählt Udo Bürger (1982), wenn er von einer „passiven Anlehnung" des Schenkels an die „Pferdehaut" spricht, damit dieser die „Rumpfbewegungen und die Atmung erfühlen" kann. Bei der Schilderung der Schenkeleinwirkung beziehe ich mich auf Udo Bürger (1982): Ein **gleichzeitig beidseitiger** Schenkeldruck dient dem normalen Vorwärtstreiben des Pferdes, der aber nur dann erfolgen soll, wenn das Pferd nicht mehr schwungvoll aus der Hinterhand tritt. Solange das Pferd dies tut, hat der Einsatz der Schenkel zu unterbleiben. Die Schenkel sollen **wechselseitig** einwirken, wenn sie die Versammlung fördern sollen. Dabei wird ein Schenkel stets dann eingesetzt, wenn er von der Flanke des Pferdes berührt wird, das gleichseitige Hinterbein also vorschwingt. Eine trittverlängernde Schenkelhilfe soll **kurz** und **energisch** auf dem Höhepunkt des vorschwingenden Hinterbeines zur Wirkung kommen, eine den Tritt verkürzende und damit versammelnde Schenkeleinwirkung dagegen erst beim **Auffußen** des Hinterbeines beginnen, zusammen mit einer halben Parade. Damit soll die Beugung der Hinterhand gefördert werden. Ein vorwärts – seitwärts treibender Schenkel – etwa bei der Traversale – ist am wirksamsten, wenn das gleichseitige Hinterbein des Pferdes vorschwingt, die Flanke also gegen den Schenkel des Reiters drückt. In der Regel vortreibend wirkt der am Gurt liegende Schenkel, verwahrend der eine Handbreit hinter dem Gurt liegende. In bestimmten Situationen kann aber auch der verwahrend zurückgenommene äußere Schenkel zum Vortreiben eingesetzt werden.

Bei der Hilfe zum Angaloppieren aus dem Schritt oder Trab gibt der am Gurt liegende innere Schenkel in dem Augenblick durch Druck die Hilfe zum Angaloppieren, in welchem das Hinterbein des nach innen gestellten Pferdes vorschwingt, das äußere Hinterbein also abstößt. Eine leichte Gewichtsverlagerung des Reiters nach innen unterstützt diese Hilfe.

Der Fuß und der Bügeltritt.

Der Bügel soll vom Reiter locker aus dem Fußgelenk geführt werden, wobei der Bügel unter dem Fußballen liegt, die Fußspitzen etwas nach außen gerichtet sind. Ein Herunterdrücken des Absatzes ist für die nor-

male Bügelhaltung abzulehnen, da dies zu einer Verkrampfung der Wadenmuskeln führt und die Beckenschwingungen des Reiters beeinträchtigt werden.

Bei einem bewußt vorgenommenen und kurzfristig ausgeführten Bügeltritt soll dies jedoch herbeigeführt werden. Diese Hilfe kann mit Erfolg zur Unterstützung der halben und ganzen Parade benutzt werden. Im ersteren Falle wird der Absatz nur halb, im letzteren Falle ganz heruntergetreten, wobei der Fußballen im Bügel abgestützt wird. Diese Fußbewegung setzt sich bis zum Becken des Reiters fort, so daß ein durchlässiges, entsprechend geübtes Pferd sofort reagiert.

Arme, Hände und Zügel.

Die Arme sollen zwanglos am Oberkörper herunterhängen, die Ellbogen seitlich nicht weggestreckt werden. Andernfalls wird die Übereinstimmung der Schwerpunkte von Reiter und Pferd gestört. Unterarme und Hand sollen vom Ellbogen bis zum Pferdemaul eine gerade Linie bilden, die Handgelenke also nicht verdreht oder verkantet werden. Dieses würde eine Verkrampfung der Unterarmmuskeln zur Folge haben und eine gefühlvolle Führung des Zügels beeinträchtigen. Wird eine Verbindung des Pferdemauls mit den zügelführenden Händen hergestellt, darf diese niemals hart und gefühllos sein. Die Zügelhände dürfen niemals eine künstliche Hals-Kopfhaltung zur Beizäumung des Pferdes herbeiführen. Schon gar nicht darf der Kopf des Pferdes in die Senkrechte oder gar dahinter gezogen werden. Dies würde die Losgelassenheit des Pferdes zunichte machen, ohne die es keine Gymnastizierung gibt.

Die Zügelhilfen können:

— Nachgebend sein, durch Öffnen der Finger, bis zum Strecken des Unterarmes.

— Durchhaltend sein, wenn Hand und Arm in der vorgegebenen Haltung belassen werden.

— Annehmend sein, durch Schließen der Hand, Eindrehen der geschlossenen Hand, durch leichtes Zurücknehmen der Arme.

— Verwahrend wirken, durch Begrenzung der Biegung des Halses (Seunig, 1967).

Ein notwendig werdender Zügelanzug müsse — stets gefühlvoll — auf das Fundament des Halses gerichtet sein. Das Fundament ist der Ansatz des letzten Halswirbels an den ersten Rückenwirbel (dem Wirbel des Widerristes). Nur so habe er eine Wirkung auf die Hinterhand, bei größtmöglicher Schonung des Rückens und der Hinterbeine. Ein Zügelanzug unterhalb dieser Linie schont den Rücken noch mehr, oberhalb dieser Linie belastet er jedoch den Rücken verstärkt, weil er ein Absinken der Rückenwirbelsäule bewirkt (Kurt Albrecht, 1990 a).

Die Zügellänge variiert je nach Gangart, Tempo, Haltung und Grad der Versammlung, außerdem muß sie dem Ausbildungsstand des Pferdes entsprechen. Beim dressurmäßigen Arbeiten ist die Zügelführung in der Regel kürzer als beim Reiten im Gelände.

Voraussetzung für jede aufgenommene Zügelführung und für jede formende Zügeleinwirkung zur Versammlung des Pferdes ist ein unabhängiger Dressursitz im Sinne Guérinières, mit aufgerichtetem Oberkörper und gebogener Nierenpartie. Solange ein Reiter diesen Sitz nicht beherrscht, sollte er im Interesse seines Pferdes den englischen Ausspruch befolgen, der da lautet: „No seat, no hand!" — „Kein Sitz, keine Hand!"

Das Zusammenwirken und der Einklang der Hilfen.

Die Kunst des Reitens besteht letzten Endes darin, die hier im einzelnen beschriebenen Hilfen zum richtigen Zeitpunkt und in ihrem richtigen Zusammenwirken zu geben. In der Regel wird keine Hilfe für sich allein gegeben, ausgenommen, man nimmt den Zügel auf. Die Rangfolge der Hilfengebung ist: Gewichtshilfe — Schenkelhilfe — Zügelhilfe (Walzer, 1920).

Schenkel- und Zügelhilfen können gleichzeitig entweder auf der gleichen Seite oder diagonal gegeben werden. In ersterem Falle dienen sie dem Stellen oder Biegen des Pferdes. Im zweiten Falle, beim Einwirken des inneren Schenkels und des äußeren Zügels, der Förderung der Versammlung oder der Erhaltung einer erreichten Stellung. Die gleichzeitig beidseitige Schenkel- und Zügeleinwirkung erfolgt bei der halben und ganzen Parade.

8. Sitz und Hilfen zur Gymnastizierung des Pferdes.

Stellen, Biegen, Geraderichten —
Schenkelweichen, Vor- und Hinterhandwendung — Halbe und ganze Paraden, Rückwärtsrichten — Versammlung ohne Verspannung — Die Arbeit
auf zwei Hufschlägen (Seitengänge).

Stellen, Biegen, Geraderichten.

Das Stellen des Pferdes in einer
gleichmäßigen, leichten Längsbiegung erfolgt in bestimmten Lektionen der dressurmäßigen, gymnastizierenden Arbeit.

Bei einem gestellten Pferd wird die
gebogene Seite als die innere bezeichnet, die gewölbte als die äußere,
unabhängig davon, wo das Innere der
Reitbahn liegt.

Allerdings sind L'Hotte (1895) und
Seunig (1967) nicht einig, wann ein
Pferd gestellt werden soll. Ersterer
lehnt dies für das Geradeausreiten
völlig ab, da er die Geradestellung des
Pferdes fordert; er läßt die Stellung
nur beim Seitwärtstreten zu, damit
das Pferd in Richtung seines Ganges
schauen kann. Seunig dagegen fordert die Innenstellung des Pferdes
beim Galoppieren geradeaus in der
Reitbahn, außerdem empfiehlt er das
Stellen des Pferdes beim Geradeausreiten, um das schmalspurige Un-
tertreten der Hinterbeine zu entwik-
keln. Hierbei unterscheidet er die
Stellung ersten Grades (Schultervor),
von der Stellung zweiten Grades
(Stellung). Im ersteren Falle soll das
Pferd veranlaßt werden, mit dem inneren Hinterbein eine halbe Hufspur
zwischen die der Vorderbeine zu treten. Im zweiten Falle soll das äußere
Hinterbein eine halbe Hufspur zwischen die der Vorderbeine treten. Dabei sollen die Hinterbeine gerade in
Richtung der Vorderbeine schwingen
und fußen.

Daß das Pferd beim Reiten auf gebogenen Linien entsprechend gebogen,
also eine deutliche Rippenbiegung
aufweisen soll, darüber besteht keine
Uneinigkeit. Allerdings weist auch
hier L'Hotte einschränkend darauf
hin, daß sich das Pferd am leichtesten
im Hals biegt, weniger in den Lendenwirbeln und am eingeschränkte-
sten im übrigen Bereich der Wirbelsäule. Steinbrecht (1966) fordert vom
Reiter für das Reiten auf gebogenen
Linien den „gebogenen Sitz": Drehung des Oberkörpers nach innen,
entsprechend der angestrebten
Längsbiegung des Pferdes, Vorschie-
ben der inneren Hüfte, Verlegung des
Gewichtes nach innen, Einwirken
mit dem inneren Schenkel zum Biegen und Treiben — eventuell auch Zurücknahme dieses Schenkels bei zu
starker Biegung — Einwirken des äußeren Schenkels hinter dem Gurt, zur
Verhinderung des Ausfallens der
Hinterhand, aber auch zum Treiben,
sowie die Mitwirkung des inneren
Zügels zum Stellen von Hals und
Schulter und des äußeren Zügels zur
Verhinderung des Ausfallens der äußeren Schulter.

Das Reiten auf gebogenen Linien belastet verstärkt das innere Hinterbein,

es soll der Entwicklung der Hankenbiegung als Vorstufe der Versammlung dienen.

Die Gymnastizierung des Pferdes zur Hankenbiegung wird auch vertikale Biegung genannt (Kurt Albrecht, 1990 a).

Die Notwendigkeit des Geraderichtens des Pferdes ergibt sich aus seiner natürlichen Schiefe. Hierbei tritt das Pferd auf seiner gebogenen Seite mit dem Hinterbein nicht gerade gegen das Vorderbein, sondern seitlich davon. Dabei fällt es vorne auf die äußere Schulter. Seunig (1967) nennt die hohlgebogene Seite die „schwierige Seite", weil das Pferd hier weder

Schenkel noch Zügel annimmt und die gewölbte Seite die „Zwangsseite", weil das Pferd auf die Schulter fällt und diese Halsseite verstärkt anspannt.

Die natürliche Schiefe hat eine unterschiedliche Belastung beider Längsseiten des Pferdes zur Folge, außerdem vermag es sich der reiterlichen Einwirkung, Gymnastizierung und Kontrolle zu entziehen. Ein **Geraderichten** des Pferdes wird daher als unerläßlich angesehen, womit das gerade Vortreten der Hinterbeine gegen die Vorderbeine erreicht werden soll. Eine absolute **Geradestellung** des Pferdes wird hiermit von der deutschen Schule nicht verfolgt. Die Hil-

Abb. 29 Durchreiten einer Ecke im Schritt. Ruth Hunkeler auf Kantor 8, Abreiteplatz vor S-Dressur, München 1991.

fen des Reiters zum Geraderichten des Pferdes bestehen — ganz generell gesagt — darin, beide Längsseiten des Pferdes in gleichem Maße geschmeidig und schenkelempfindlich zu machen. Die Übungen hierzu sind das Reiten auf gebogenen Linien mit häufigem Wechseln der Hand und das Schenkelweichen.

Reiner Klimke (1978) beschreibt die Mittel und Wege zur Korrektur der natürlichen Schiefe des Pferdes klar und verständlich: Ein mit einer Biegung nach rechts schief gehendes Pferd, das sich also auf die linke Schulter und den linken Zügel legt und den rechten Zügel nicht annimmt, ist auf der linken Hand auf dem Zirkel zu arbeiten. Dabei soll die linke Zügelhand stets nach vorne mitgehen und nicht versuchen, das Pferd nach links zu stellen. Die rechte Hand dagegen soll gefühlvoll versuchen, eine Verbindung zum Pferdemaul herzustellen.

Ein gerade gerichtetes Pferd kann immer wieder in die natürliche Schiefe zurückfallen, vor allem dann, wenn die Längsseiten des Pferdes unterschiedlich belastet werden — also durch zu langes Leichttraben auf einem Fuß oder durch zu langes Reiten in der Bahn auf einer Hand.

Schenkelweichen, Vorhand- und Hinterhandwendung.

Das Schenkelweichen soll das Pferd gehorsam auf den Schenkel machen. Durch seitliches Übertreten des inneren Beinpaares über das äußere, sollen beide Längsseiten des Pferdes geschmeidig gemacht werden. Das Schenkelweichen wird nur im Schritt ausgeführt. Hierbei ist es in einem Winkel von 45° zur Richtung der Bewegung aufzustellen, mit dem Kopf zum Bahninneren oder -äußeren gerichtet (siehe Abbildung 30). Das Pferd wird leicht längsgestellt, wobei das Pferd immer dem inneren Schenkel zu weichen hat, mit der leicht gewölbten Seite ausweicht. Der innere Zügel unterstützt die Stellung etwas, der äußere Zügel soll ein Ausfallen der Schulter verhindern.

Die Wendung um die Vorhand ist ebenfalls eine Übung zur Förderung des Schenkelgehorsams. Hierbei wird das leicht gestellte Pferd mit dem inneren Schenkel — diesmal hinter dem Gurt liegend — veranlaßt, sich schrittweise mit der Hinterhand um die Vorhand zu wenden. Die innere Seite des Pferdes wird etwas stärker belastet, durch den inneren Zügel unterstützt. Äußerer Schenkel und Zügel sollen das Ausfallen der Hinterhand und der Schulter verhindern.

Die Wendung auf der Hinterhand hat stets aus der Vorwärtsbewegung zu erfolgen, nie aus dem Stillstand (Seunig, 1967). Andernfalls verliert sie ihren gymnastizierenden Wert, soll doch das Pferd in Richtung der Innenstellung um das auf der Stelle tretende innere Hinterbein wenden. Bei der Hinterhandwendung aus dem Stand bleibt das innere Hinterbein in der Regel am Erdboden stehen. Die Reiterhilfen sind: Stellung des Pferdes in Richtung der Wendung durch

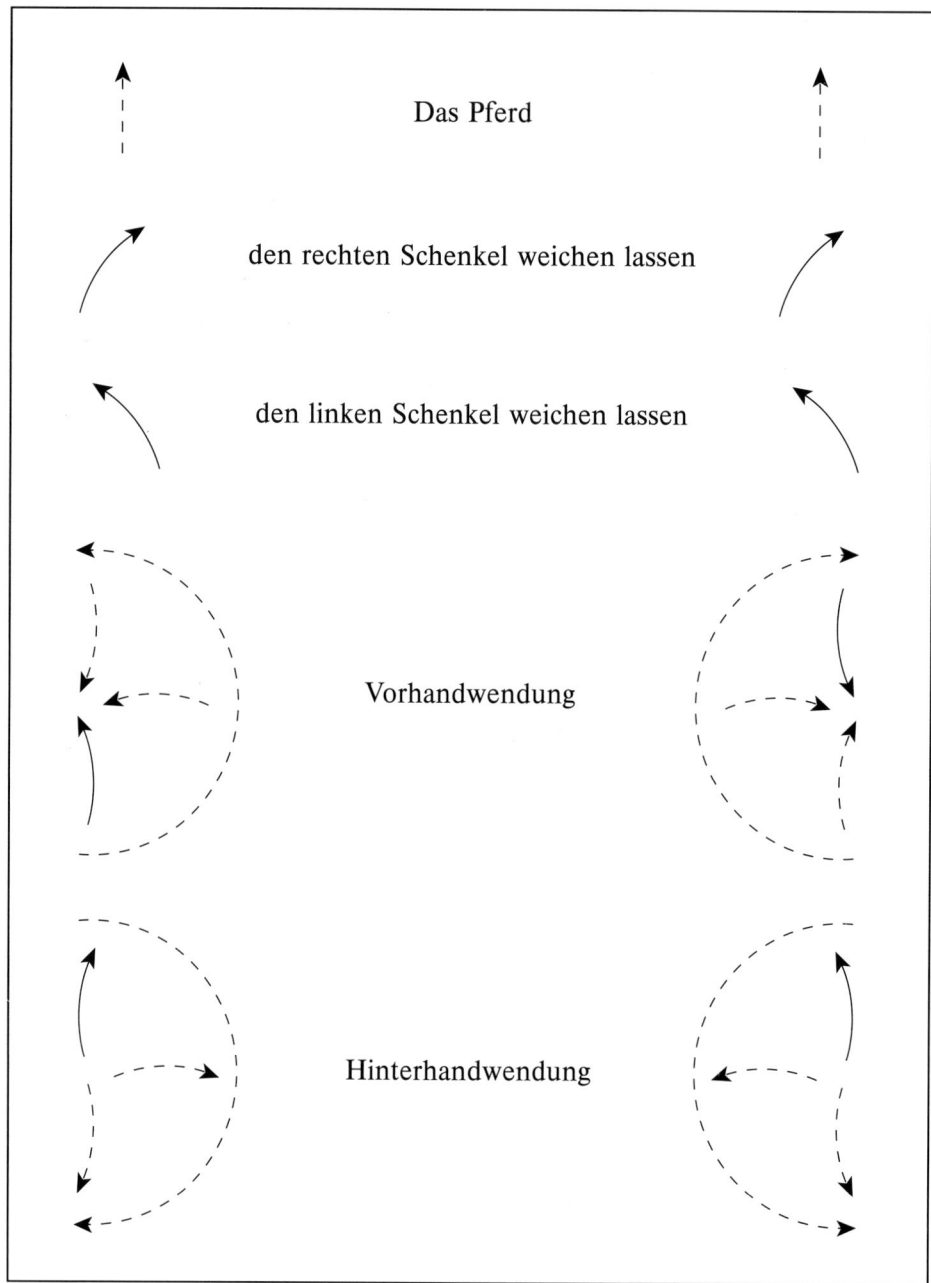

Das Pferd

den rechten Schenkel weichen lassen

den linken Schenkel weichen lassen

Vorhandwendung

Hinterhandwendung

Abb. 30 Schenkelweichen sowie Vor- und Hinterhandwendung auf beiden Händen.

stärkere Belastung der Innenseite des Pferdes, schrittweises Wenden mit dem zurückliegenden äußeren Schenkel, wobei der am Gurt liegende innere Schenkel das innere Hinterbein anregen und überwachen soll. Der innere Zügel führt das Pferd in die Wendung. Durch die Innenstellung in Richtung der Wendung und die diagonale Zügeleinwirkung ist die Hinterhandwendung bereits eine versammelnde Übung.

Halbe und ganze Parade, das Rückwärtsrichten.

Die halbe Parade wird zum Verkürzen der Tritte, zum Übergang von einer höheren in eine niedrigere Gangart eingesetzt oder um das Pferd vor einer Hilfengebung aufmerksam zu machen. Beide Schenkel treiben dabei das Pferd gegen die leicht aushaltenden Zügel, ein halber Bügeltritt begleitet diese Hilfen. Sofern das Pferd nicht reagiert, muß die Hilfengebung wiederholt werden.

Die ganze Parade veranlaßt das Pferd zum völligen Stillstand aus der Vorwärtsbewegung oder aus dem Rückwärtsrichten. Das Pferd soll im Stehen beide Hinterbeine schmalspurig nebeneinander und untersetzen. Zur ganzen Parade treibt der Reiter das Pferd gegen die aushaltenden Zügel, wobei er die Schultern zurücknimmt und die Ellbogen dezidiert an den Körper legt, um die Hinterhand des Pferdes vermehrt zu belasten. Eine unterstützende Hilfe

ist der ganze Bügeltritt sowie die Belastung des äußeren Hinterbeines zum Zeitpunkt des Auffußens. Der Hinweis zu dieser Gewichtshilfe stammt von meinem Lehrer Stefan von Mártonffy. Von Heydebreck bestätigt dies in einem Kommentar zum „Gymnasium des Pferdes" (1966) auf S. 258, indem er darauf hinweist, daß Seeger bei der halben Parade eine Gewichtsbelastung des untergesetzten Hinterbeines empfohlen habe, was später ganz in Vergessenheit geraten sei. Die ganze Parade ist bereits eine versammelnde Übung, genauso wie das schulmäßige Rückwärtsrichten, für das nach Guérinière (1733) die gleichen Hilfen anzuwenden sind wie zur ganzen Parade.

Das schulmäßige Rückwärtsrichten ist nur bei einem durchlässigen Pferd möglich. Durch leichtes Treiben mit beiden Schenkeln bei aushaltender Hand tritt das Pferd aus der Hinterhand schrittweise in diagonaler Fußfolge zurück. Das Zurückziehen undurchlässiger Pferde mit der Hand hat nichts mit Gymnastizierung zu tun, wie dies die unschönen Abbildungen 31 und 32 zeigen.

Bei einem noch nicht durchlässigen Pferd sollte man am besten auf das Rückwärtsrichten aus dem Sattel verzichten, da dies in der Regel nur in eine grobe Zurückzieherei ausartet. Soll das Pferd unbedingt zurücktreten, sollte der Reiter absitzen und das Pferd mit Stimme und mit der Hand gegen die Brust drückend zum Rückwärtstreten veranlassen.

Abb. 31 Zurückziehen des Pferdes mit dem Zügel und scharfem Gebiß. Am Rande der Europameisterschaften der Westernreiter aufgenommen, München 1989.

Abb. 32 Und immer noch zieht der Reiter das Pferd mit dem Zügel zurück.

Versammlung ohne Verspannung.

Zum allmählichen Erreichen einer Versammlung des Pferdes gebührt dem Vorwärtsreiten der Vorrang, da die Schub- und Tragkraft der Hinterhand entwickelt werden soll. Eine künstlich mit den Händen herbeigeführte Kopf-Hals-Haltung kann nicht Ausdruck einer korrekten Versammlung sein, ebenso nicht die bloße Verkürzung der Tritte.

Der im Vorwärtsreiten gefühlvoll aushaltende Zügel hat die Aufgabe, die Tragkraft und Hankenbiegung zu fördern. Dabei ist zu beachten, daß die aushaltende Hand stets nur auf das vor der Hüftlinie befindliche Hinterbein wirkt (Kurt Albrecht, 1990 a). Ebenso ist daran zu denken, daß sich die Hilfen auf das Pferd stets diagonal übertragen (Walzer, 1920): Wirkt der rechte Schenkel vermehrt, nimmt das Pferd den linken Zügel besser an. Auch die Steifheiten übertragen sich diagonal, z. B. beim Versteifen des rechten Hinterfußes macht sich das Pferd am linken Zügel fest.

Die vorbereitenden Übungen zur Versammlung sind: Geraderichtendes Vorwärtsreiten auf geraden und gebogenen Linien, Schenkelweichen, halbe Paraden, Tempowechsel im Trab, wiederholtes Angaloppieren aus dem Trab oder Schritt, die ganze Parade, das Rückwärtsrichten und die Hinterhandwendung. Im Verlaufe der Ausbildung des Pferdes wird die Versammlung weiterentwickelt durch die Seitengänge (Arbeit auf zwei Hufschlägen), den Kontergalopp, das Vervollkommnen der ganzen Parade, das Angaloppieren aus dem Stand und durch die Arbeit an der Hand, ohne das Gewicht des Reiters.

Voraussetzung für eine korrekte versammelnde Gymnastizierung des Pferdes ist der geschmeidige klassische Dressursitz im Sinne Guérinières, ist es doch nur mit ihm möglich, das Pferd frei von Verspannungen schwungvoll vorwärts zu reiten und versammelnde Hilfen zu geben.

Bevor mit versammelnden Lektionen begonnen wird, muß das Pferd erst entsprechend gelöst sein. Nicht selten kann man beobachten, daß diese Regel mißachtet oder eine Verspannung des Pferdes gar nicht erkannt wird. So sah ich vor einiger Zeit einem Ausbilder zu, der sein Pferd bei starken Schlauchgeräuschen in Einer-Galoppwechsel ritt. Offensichtlich war diesem Reiter nicht bekannt, daß Schlauchgeräusche bei einem Wallach eine Muskelverkrampfung anzeigen. In einem solchen Fall ist das Pferd in der nächst niedrigeren Gangart zu lösen — gegebenenfalls im Schritt am langen Zügel — bis die Schlauchgeräusche aufhören. Mitunter erlebt man auch, daß in versammelten Lektionen gehende Pferde mit den Zähnen knirschen. Auch dies sind Zeichen einer Verkrampfung. Womöglich wurde im Zuge der versammelnden Arbeit zu stark die Hand eingesetzt.

71

Die Arbeit auf zwei Hufschlägen (Seitengänge).

Bevor ein Pferd in den Seitengängen gearbeitet wird, muß es bereits einen fortgeschrittenen Grad der Versammlung erreicht haben. Andernfalls würden sie zu einem vorzeitigen Verschleiß der Hinterhand des Pferdes führen (von Josipovich, 1928; Seunig, 1967). Die Arbeit auf zwei Hufschlägen soll auch stets nur in kurzen Reprisen erfolgen, da sie kein Selbstzweck ist. Vielmehr soll die Gelenkigkeit der Hinterbeine, die Hankenbiegung und das Gleichgewicht des Pferdes und damit die Versammlung gefördert werden. Zu den Seitengängen zählen: Schulterherein, Kontraschulterherein, Renvers, Travers und die Traversalverschiebung. Das Schulterherein ist die grundlegende Übung, sie wurde von Guérinière eingeführt. Die Abbildung 33 zeigt schematisch die Stellung des Pferdes in der Arbeit auf zwei Hufschlägen.

Die ersten Übungen im Schulterherein erfolgen im Schritt, sehr bald muß aber in den Trab mit leicht verkürztem Tempo übergegangen werden. Zum Schulterherein wird das Pferd in Längsbiegung soweit vom Hufschlag abgeführt, daß das innere Hinterbein in die Spur des äußeren Vorderbeines tritt. Das innere Vorderbein geht somit neben dem bisherigen, auf dem „zweiten" Hufschlag. Die Abstellung nach innen darf höchstens 80 cm betragen, gerechnet von der **Mitte** der Vorhand zum **äußeren** Hinterfuß (Seunig, 1967).

Die Hilfen zum Schulterherein sind: Leichte Drehung des Oberkörpers zur gebogenen Seite des Pferdes mit entsprechender Zügelführung, der vorwärts-seitwärts treibende innere Schenkel liegt am Gurt, der verwahrende und gleichzeitig treibende äußere Schenkel eine Handbreit hinter dem Gurt. Wichtig ist, daß beide Hinterbeine des Pferdes gleichmäßig belastet werden (von Josipovich, 1928). Zu diesem Zweck muß das Gewicht des Reiters in Richtung der Bewegung, also nach außen, mitgehen. Hierauf hat mein Lehrer, von Mártonffy, immer wieder hingewiesen. Im Gegensatz hierzu empfehlen einige Lehrbücher die Belastung des inneren Hinterbeines des Pferdes.

Waldemar Seunig (1967) bestätigt die Auffassung meines Lehrers. Das Schulterherein im Schulgalopp und im Schulschritt ausgeführt, gehören zu den Lektionen der Hohen Schule.

Die Hilfen zu den anderen Übungen der Seitengänge (Kontraschulterherein, Renvers, Travers und Traversalverschiebung) werden entsprechend der Biegung und Bewegungsrichtung des Pferdes gegeben:

Die leichte Oberkörperdrehung erfolgt in Richtung der gebogenen Seite, der innere Zügel stellt das Pferd, der äußere erhält die Stellung, der innere, dicht am Gurt liegende Schenkel erhält die nach vorwärts-seitwärts gerichtete Bewegung, der äußere Schenkel hinter dem Gurt wirkt verwahrend und treibend. Das Gewicht des Reiters geht stets in Richtung der Bewegung mit. Das im

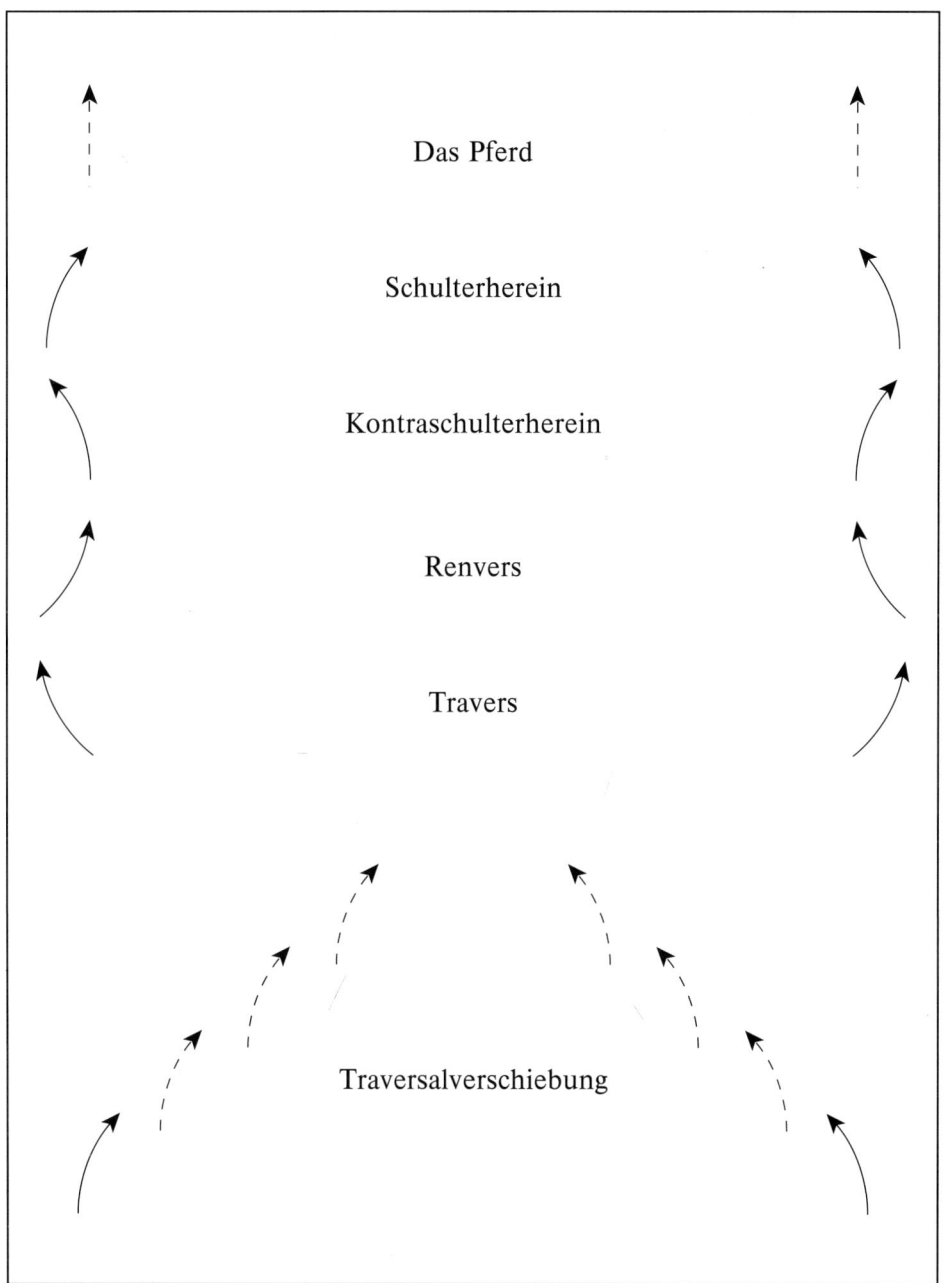

Abb. 33 Die Arbeit auf zwei Hufschlägen (Seitengänge).

Abb. 34 Traversalverschiebung im Trab, Johann Hinnemann auf Malte. Abreiteplatz vor den Deutschen Meisterschaften der Dressurreiter, Berlin 1989.

versammelten Trab gehende Pferd soll flüssig und taktrein gehen, sich nicht im Hals verwerfen, die Ohrenspitzen sollen gleiche Höhe haben.

Im Renvers, Travers und in der Traversalverschiebung tritt das Pferd in Richtung seiner gebogenen Seite, was eine erhöhte Aktivität der Hinterhand erfordert. In der Traversalverschiebung liegt die größere Aktivität beim äußeren Schenkel des Reiters. Hierbei soll die Vorhand des Pferdes der Hinterhand stets leicht vorausgehen (siehe Abbildung 34).

9. Der Sitz in den Gangarten.

Takt und Tempo – Der Schritt und der Sitz – Der Trab und der Sitz – Der Galopp und der Sitz – Galoppwechsel – Der Entlastungssitz.

Takt und Tempo.

Das im Schritt, Trab oder Galopp vorwärts gehende Pferd hat eine bestimmte Geschwindigkeit, ein Tempo, das der Reiter durch Sitz und Hilfengebung beeinflussen kann. In einem Mittelschritt legt das Pferd ca. 6 km/h zurück, hat also ein Tempo von 100 m/min. Die Geschwindigkeit im Arbeitstrab liegt bei 12 – 15 km/h, was einem Tempo von 200 bis 250 m/min entspricht. Im Arbeits- bis Mittelgalopp beträgt die Geschwindigkeit 21 – 24 km/h, entsprechend einem Tempo von 350 – 400 m/min. Das Tempo ergibt sich jeweils aus der Zahl der Tritte pro Minute und der Länge der Tritte. Die Trittzahl pro Minute nennt man den Takt des Pferdes. Er sollte in der gewählten Gangart möglichst gleichmäßig sein. Udo Bürger (1982) gibt für die drei Grundgangarten folgende Taktzahlen an:

Gangart	Anzahl Tritte pro Minute
Schritt	110 – 130
Trab	120 – 180
Galopp	100 – 140

Um einen gleichmäßigen Takt in der gewählten Gangart zu reiten, muß sich der Reiter hierfür ein Gefühl aneignen. Ein langsameres Tempo sollte nicht mit niedrigerer Taktzahl geritten werden als ein höheres Tempo, geht dies doch auf Kosten des Fleißes und des Schwunges. Bei einem höheren Tempo ist in jedem Falle die Trittlänge zu vergrößern.

Takt und Tempo werden durch den Sitz, die Schenkeleinwirkung und die Zügelführung beeinflußt. Das Vorgehen der Hand verlängert die Tritte, halbe Paraden verkürzen sie. Treibende Schenkel mit gleichzeitig vorgehender Hand verlängern die Tritte und erhöhen die Taktzahl.

Der Schritt und der Sitz.

Am Beginn jeder reiterlichen Arbeit steht der Schritt. Wird ein Pferd zum Reiten aus dem Stall genommen, hat sich in den Gelenken noch nicht ausreichend Gelenkwasser angesammelt, es fehlt an „Gelenkschmiere“. Die Gelenke sind damit erst nach 15 – 20 Minuten Bewegung voll versorgt. Ein englisches Sprichwort lautet daher:

Reite mich erst eine Meile im Schritt,
danach eine Meile im Trab;
dann tue mit mir, was Du willst.

Im Verlauf einer Reitstunde in der Bahn oder während des Reitens im Gelände wird man nach einer Trab- oder Galoppreise wieder den Schritt wählen; er ist im fleißigen Gebrauchs- oder Mittelschritt zu reiten. Der starke Schritt ist eine dressurmäßige Gangart, der versammelte

75

Abb. 35 Mittelschritt bei guter Oberkörperaufrichtung und gebogener Nieren-Partie. Ruth Hunkeler auf Kantor 8, Abreiteplatz vor S-Dressur, München 1991.

Abb. 36 Starker Schritt im klassischen Dressursitz. Johann Hinnemann auf Malte, Deutsche Meisterschaften der Dressurreiter, Berlin 1989.

76

Schritt ist der Endstufe der Ausbildung des Dressurpferdes in der Hohen Schule vorbehalten.

Das Schrittreiten mit entlasteter Vorhand ist ohne betonte Oberkörperaufrichtung des Reiters nicht möglich. Der Kopf soll aufrecht getragen, die Schultern leicht zurückgenommen werden. Dabei ergibt sich von selbst eine gebogene Nierenpartie im Sinne Guérinières, und der Reiter sitzt im Lot (siehe die Abbildungen 35 und 36). Ein Hängenlassen des Kopfes, der Schultern und des Oberkörpers würde das Pferd sofort auf die Vorhand bringen, ebenso der Sitz mit angezogenem Kreuz oder das Kreuzbohren im Rücken des Pferdes.

Die Zügelführung muß im Schritt besonders gefühlvoll sein, besonders bei jungen Pferden, andernfalls ist schnell ein Paßgang angeritten, der kaum wieder zu korrigieren ist. So empfiehlt Seunig (1967) **frühestens** nach viermonatiger Ausbildungszeit des jungen Pferdes ein geringes Aufnehmen des Zügels im Schritt. Der einwandfreie Schritt ist ein Viertakt, dabei tritt das Pferd gleichseitig und ungleichzeitig (Ludwig Koch, 1928). Die Vorwärtsbewegung erfolgt stets aus der Hinterhand, nicht aus der Vorderhand. Also z. B.: Linker Hinterfuß — linker Vorderfuß — rechter Hinterfuß — rechter Vorderfuß. Das Pferd stützt sich abwechselnd mit drei oder zwei Beinen auf der Erde ab. Bei einem auseinandergefallenen Pferd ist der zweite und vierte Tritt immer lauter als der erste und dritte — die lauten sind die Tritte der Vorhand. Bei einem versammelt gehenden Pferd treten alle vier Beine gleichmäßig stark auf.

Der Trab und der Sitz.

Im Trab tritt das Pferd im Zweitakt, ein Hinterbein und das diagonale Vorderbein stoßen gleichzeitig ab. Kurz vor dem Auffußen dieses Beinpaares stößt das andere diagonale Beinpaar ab, so daß ein Moment der Schwebe entsteht. Aufgrund dieser diagonalen Fußfolge stützt sich das Pferd stets gleichzeitig mit zwei Beinen ab, der Trab schont somit Gelenke und Sehnen des Pferdes. Er ist daher die wichtigste Gangart zur Ausbildung des jungen Pferdes. Mit dem Trab kann der Schwung aus der Hinterhand entwickelt und das Pferd auf geraden und gebogenen Linien geschmeidig gemacht und gerade gerichtet werden.

Das Leichttraben im Arbeitstrab ist eine lösende Gangart in der Reitbahn, beim Reiten im Gelände wird fast ausschließlich leicht getrabt. Hierbei setzt sich der Reiter kurz in den Sattel, wenn ein diagonales Beinpaar auffußt und hebt sich aus dem Sattel, sobald das andere diagonale Beinpaar fußt. Auch hierbei ist der Oberkörper gestreckt und die Nierenpartie gebogen, wie dies die Abbildungen 37 und 38 zeigen. Mittels der Muskeln an Kopf, Hals und Oberkörper zieht sich der Reiter aus dem Sattel, wodurch die Fußgelenke nur wenig belastet werden. Zur Rückenentlastung junger Pferde, die gerade erst angeritten werden, ist der Oberkörper leicht vorzuneigen. Beim Leichttra-

77

Abb. 37 Im Leichttraben hebt sich die Reiterin beim Aufsetzen des äußeren Hinterbeines des Pferdes aus dem Sattel. Sehr gute Oberkörperaufrichtung bei gebogener Nierenpartie. Laura Conz auf Lahiti, Abreiteplatz vor S-Dressur, München 1990.

Abb. 38 Im Leichttraben setzt sich die Reiterin beim Aufsetzen des inneren Hinterbeines des Pferdes in den Sattel, bei hervorragender Körperhaltung. Laura Conz auf Lahiti, Abreiteplatz S-Dressur, München 1990.

Abb. 39 Versammelter Trab im klassischen Dressursitz. Johann Hinnemann auf Malte. Deutsche Meisterschaften der Dressurreiter, Berlin 1989.

Abb. 40 Trab mit sehr guter Oberkörperaufrichtung und gebogener Nierenpartie. Gina Capellmann auf Ampère. Deutsche Meisterschaften der Dressurreiterinnen, Berlin 1989.

ben in der Reitbahn wird auf dem inneren Fuß getrabt, der Reiter setzt sich also nieder, wenn das innere Hinterbein und das äußere Vorderbein auffußen. Das Traben auf dem inneren Hinterbein entspricht der Gleichgewichtshaltung des Pferdes, das sich beim Durchreiten einer Ecke in der Reitbahn nach innen stellen soll und dabei den inneren Hinterfuß stärker belastet.

Beim Leichttraben in der Bahn ist häufig die Hand zu wechseln, beim Reiten im Gelände häufig der Fuß des Pferdes. Damit soll die einseitige Belastung einer Körperseite des Pferdes vermieden werden.

Der ausgesessene Trab wird normalerweise im Arbeitstempo oder im Mitteltrab geritten, letzteres beim Reiten in der Bahn stets nur auf der langen Seite. Der starke und der versammelte Trab ist nur für Pferde und Reiter möglich, die in der Dressur weit fortgeschritten sind.

Um mit gefestigtem, aber geschmeidigen Sitz am Sattel zu kleben, ist die Oberkörperaufrichtung bei gebogener Nierenpartie unerläßlich, das Becken des Reiters schwingt völlig passiv im Rhythmus der sich dehnenden und spannenden Rückenmuskeln des Pferdes mit. Mit der Haltung des Oberkörpers in der Senkrechten sucht der Reiter die Übereinstimmung seines Schwerpunktes mit dem des Pferdes. Die Zügellänge und Zügelführung entspricht der natürlichen Kopf- und Halsstellung des Pferdes, wie dies die Abbildungen 39 und 40 zeigen.

Der Galopp und der Sitz.

Der Galoppsprung des Pferdes ist ein Dreitakt, der von einem Hinterbein ausgeht (1. Takt), sich auf das andere Hinterbein und diagonale Vorderbein fortsetzt (2. Takt) und schließlich vom anderen Vorderbein — dem diagonalen zum zuerst abfußenden Hinterbein — übernommen wird (3. Takt). Es gibt somit den Rechts- und Linksgalopp, beim ersteren fußt das linke Hinterbein zuerst und das rechte Vorderbein zuletzt auf, beim letzten fußt das rechte Hinterbein zuerst, das linke Vorderbein setzt zuletzt auf. Nach dem 3. Takt folgt die Schwebe, die Fußfolge beginnt von neuem. Die Fußfolge des Galopps bedingt, daß die eine Körperseite des Pferdes mit den Beinen stets weiter vorgreift als die andere, beim Rechtsgalopp also die rechte, beim Linksgalopp die linke Körperseite. Demzufolge nimmt das Pferd eine leichte Stellung ein, dem der Reiter mit seinem Sitz entspricht. Der äußere Schenkel liegt etwas hinter dem Gurt, wodurch das äußere Hinterbein des Pferdes entlastet wird, das beim Abfußen die größere Kraft aufzuwenden hat. Das Pferd soll weder in der Bahn noch im Gelände zulange auf einer Hand galoppiert werden. Es ist also in kürzeren Abständen der Galopp zu wechseln, um es gleichmäßig zu belasten. Der Renngalopp hingegen ist ein Viertakt, bei dem zunächst die Hinterbeine nacheinander auffußen, dann die Vorderbeine (Ludwig Koch, 1928).

Trotz der leichten Stellung des Pferdes muß es gerade gerichtet galoppieren, die Hinterbeine sollen gerade gegen die Vorderbeine vorschwingen und fußen. Der Reiter überwacht dies durch den inneren Schenkel am Gurt und den äußeren Schenkel hinter dem Gurt, die immer, wenn notwendig, einwirken sollen. Der Oberkörper ist aufgerichtet und soll möglichst ruhig gehalten werden. Lediglich das Becken des Reiters schwingt passiv mit der sich dehnenden und spannenden Rückenmuskulatur des Pferdes mit. Jedes aktive Drücken oder Wischen mit dem Gesäß hat zu unterbleiben. Wie im Trabe, so entspricht auch im Galopp die Zügelführung und -länge der natürlichen Kopf-Halshaltung des Pferdes (siehe die Abbildungen 41 und 42).

Der Galoppwechsel.

Man unterscheidet den einfachen vom fliegenden Galoppwechsel. Bei ersterem geht man durch eine halbe Parade vom Galopp in den Trab oder Schritt über, um sogleich wieder auf dem anderen Fuß anzugaloppieren. Dabei wird das Pferd umgestellt, der bisher äußere, hinter dem Gurt liegende Schenkel wird zum inneren, am Gurt liegend, der bisher innere Schenkel wird zum äußeren, entsprechend verlagert sich das Gewicht auf die neue, innere Seite, der innere Schenkel gibt die Hilfe zum Angaloppieren beim Vorschwingen des inneren Hinterbeines des Pferdes.

Beim fliegenden Galoppwechsel springt das Pferd im Galopp um, wobei die Hilfengebung im Prinzip wie beim einfachen Galoppwechsel er-

folgt. Walzer (1920) empfiehlt die Hilfengebung im 3. Takt des Galoppsprunges, wenn das Pferd den inneren Vorderfuß aufsetzt. Seunig (1967) rät, dies schon im 2. Takt des Galopps, also beim Auffußen der Diagonalen zu tun. Für das Einüben des fliegenden Galoppwechsels führen verschiedene Wege nach Rom:
Walzer (1920) empfiehlt, dem Pferd den fliegenden Wechsel beim Wechsel durch den Zirkel – auf der offenen Seite des Zirkels – verständlich zu machen. Seunig (1967) gibt dem Einüben auf der geraden Linie – beim Wechseln durch die ganze Bahn, ab Mitte der Bahn – den Vorzug.
Podhajsky (1968) rät, das Pferd auf der Geraden sowohl im Innen- als auch im Außen-(Konter-)Galopp auf beiden Händen anzugaloppieren, gewissermaßen als Vorübung zum fliegenden Wechsel. Dieser sollte dann im verkürzten Galopp nach dem Wechseln durch die ganze Bahn, kurz vor der ersten Ecke erfolgen – oder bereits in der Mitte der Wechsellinie. Dabei soll mit dem Üben des fliegenden Galoppwechsels erst begonnen werden, wenn das Pferd genügend gekräftigt ist und auf beiden Händen gleichmäßig galoppieren kann.

Der Entlastungssitz.

Zur Rückenentlastung des Pferdes galoppiert man im Springen oder im Gelände im Entlastungssitz. Dabei wird der aufgerichtete Oberkörper etwas vor die Senkrechte genommen, das Gesäß verbleibt im Sattel. Die Nierenpartie bleibt gebogen, ein Rundmachen der Schultern und des

Abb. 41 Otto Hofer auf Andiamo 12 im Mittelgalopp. Abreiteplatz vor S-Dressur, München 1989.

Abb. 42 Jean Bemelsmans auf Robin Fly im Galopp auf der Mittellinie, kurz vor dem Durchparieren zum Halten. S-Dressur München 1990.

82

Rückens würde die Elastizität des Sitzes beeinträchtigen.

Hierzu werden die Bügel gegenüber dem Dressursitz um 2 Löcher kürzer geschnallt, für das Springen um 3 – 4 Löcher kürzer. Dabei werden die Bügel dicht hinter dem Fußballen geführt, keinesfalls mit dem Steg des Stiefels. Letzteres würde die Beweglichkeit des Fußgelenkes und das Ab-

federn in den Kniegelenken erheblich einschränken. Die Oberschenkel, Knie und Knöchel stützen den Sitz mit ab und geben ihm zusätzlich Festigkeit. Die Verbindung des Gesäßes mit dem Sattel bleibt erhalten, sie gibt dem Sitz die notwendige Stabilität. Außerdem ist jederzeit eine Gewichtseinwirkung für eine Richtungsänderung möglich.

10. Die Ausbildung des Reitpferdes, Hilfen und Sitz.

Das Anreiten des jungen Pferdes — Das erste und zweite Ausbildungsjahr des Pferdes — Das Dressurpferd ab dem dritten Ausbildungsjahr — Die Arbeit an der Hand, ohne Reitergewicht, als Weg zur Piaffe — Die Passage.

Das Anreiten des jungen Pferdes.

Junge Pferde, die am besten im Alter von dreieinhalb bis vier Jahren angeritten werden, sind zerbrechliche Wesen, trotz ihres Gewichtes und ihrer Stärke. Ihre richtige Ausbildung erfordert viel Sachkenntnis, reiterliches Können, Erfahrung und Geduld. Wie schnell ist ein junges Pferd durch eine rückwärtsgerichtete Hand „zügellahm" geritten oder durch eine verfrühte Schrittarbeit am starren Zügel zum Paßgänger gemacht.

Vor dem ersten Aufsitzen ist eine mehrwöchige, behutsame Arbeit an der Longe günstig. Aber Longieren muß gelernt und gekonnt sein, jegli-

che Überforderung des jungen Pferdes ist zu vermeiden.

Für die ersten Stunden des Aufsitzens empfiehlt Seunig (1967), den Sattel beim Auflegen mehr nach vorn, in Richtung der Schultern zu verschieben, um den Rücken des jungen Pferdes zu entlasten. Erst nach einigen Stunden, wenn sich das Pferd an das Reitergewicht gewöhnt habe, sei der Sattel richtig aufzulegen. Sein tiefster Punkt soll über dem 15. Rückenwirbel des Pferdes liegen, dem Übergang des Rückens zum Widerrist. Der senkrecht herunterhängende Sattelgurt befindet sich dann etwa eine Handbreit hinter dem Ellbogen des Pferdes.

Die erste Hilfe zum Anreiten gibt man mit der Gerte auf die Schulter des Pferdes. Erst später wird sie hinter dem Gurt eingesetzt, in Verbindung mit dem treibenden Schenkel. Zu Beginn der Ausbildung ist stets in kurzen Reprisen im Schritt und Trab zu reiten, letzteres nur im Leichttra-

83

ben. Für das Reiten in der Bahn empfehlen sowohl Podhajsky (1968) als auch Seunig (1967) für den Anfang, nur auf dem äußeren Fuß zu traben. Hierdurch soll das innere Hinterbein des Pferdes in den Ecken nicht zu stark belastet werden. Diese sind ohnehin nur schräg zu durchreiten. Die Zügelführung muß stets nach vorne mitgehend, sehr einfühlsam sein, das Pferd soll sich vorwärts – abwärts dehnen können, ohne sich auf die Hand des Reiters aufzustützen.

Hat das Pferd unter dem zunächst ungewohnten Gewicht des Reiters seine Balance wiedergefunden, wird man in kurzen Reprisen mit dem Aussitzen im Trabe beginnen können. Die gefühlvolle Oberkörperaufrichtung des Reiters mit schwingender Wirbelsäule gibt dem Sitz Geschmeidigkeit und Leichtigkeit. Jegliches Anspannen des Kreuzes, jegliches Bohren mit dem Gesäß im Rücken des Pferdes hat von Anfang an zu unterbleiben und sollte auch im Verlaufe der ganzen Ausbildung unterlassen werden.

Das erste und zweite Ausbildungsjahr.

Das junge Pferd sollte im ersten Ausbildungsjahr sehr schonend belastet werden, da sich die Knochen noch im Wachstum befinden und sich die Bänder, Sehnen und Gelenke erst festigen müssen. Nur allmählich sind die Anforderungen zu steigern. Hat das junge Pferd seine völlige Balance unter dem Gewicht des Reiters wiedergefunden und hat sich der Trab gefestigt, wird man ab und zu in den Galopp übergehen, wobei die Ecken in der Reitbahn deutlich abzuschneiden sind.

Ab dem zweiten Ausbildungsjahr kann das junge Pferd dann schon stärker gefordert werden. So wird mit der Arbeit auf dem Zirkel im ausgesessenen Trab begonnen, es folgen weitere Bahnfiguren. Das Pferd lernt Tempowechsel auf der ganzen Bahn kennen, Schenkelweichen sowie halbe Paraden und ganze Paraden vom Schritt und später vom Trab zum Halt werden geübt. Weitere Übungen sind zunächst die Vor- und später die Hinterhandwendung. Bei entsprechender Durchlässigkeit kann das Pferd auch bereits das Rückwärtsrichten – ohne zurückziehenden Zügel – erlernen. Kurze Reprisen im Mitteltrab, ein gleichmäßig gerittener Arbeitsgalopp auf beiden Händen und der einfache Galoppwechsel könnten am Ende des zweiten Ausbildungsjahres stehen (siehe Tabelle 3).

Das Dressurpferd ab dem dritten Ausbildungsjahr.

Die dressurmäßige Weiterentwicklung des jungen Pferdes ab dem dritten Ausbildungsjahr wird in erster Linie dem Dressurpferd vorbehalten sein. Aber auch für das angehende Spring- oder Geländepferd empfiehlt sich die Ausbildung im Kontergalopp, da es seine gymnastische Durchbildung, Wendigkeit und Geschmeidigkeit fördert (Wätjen, 1966). Voraussetzung ist, daß das Pferd bereits auf beiden Händen im gesetzten Galopp geht.

84

Tabelle 3: **Gang der dressurmäßigen Ausbildung des Pferdes, Sitz und Zügelführung des Reiters.**

Ausbild. Jahr	Alter des Pferdes	Dressur stufe	Arbeit mit dem Pferd	Sitz und Zügelführung des Reiters
1	3,5 – 4,0	0	Longieren ohne Reiter, Gewöhnung an das Reitergewicht, Leichttraben auf geraden Linien in kurzen Reprisen	Rückenentlastender Sitz, behutsame, mitgehende Hand
1	4,0 – 4,5	0	Trabarbeit mit Aussitzen, Schritt am langen Zügel, vereinzelt Galopp, behutsame Paraden	Gefühlvoller Sitz, anfangs im Aussitzen mit vorgeneigtem Oberkörper; leichte Zügelführg.
2	4,5 – 5,5	A / L	Trab- und Galopparbeit, Zirkel u. Bahnfiguren, Tempowechsel, Schenkelweichen, halbe u. ganze Paraden, Vor- u. Hinterhandwendung, Rückwärtsrichten, Mitteltrab, einfacher Galoppwechsel	Dressursitz nach Guérinière, gesicherte Anlehnung mit elastischer Hand, Reiten auf Trense
3	5,5 – 6,5	L / M	Mitteltrab, Kontergalopp, fliegender Galoppwechsel, Seitengänge im Trab. ganze Paraden aus Trab und Galopp, Anreiten aus dem Halten zum Trab und Galopp, Mittel- u. starker Schritt, starker Trab	Dressursitz nach Guérinière, gesicherte Anlehnung, Reiten auf Trense und Kandare
4 / 5	6,5 – 8,5	S	Fliegende Galoppwechsel zu mehreren Tempi bis zum Einertempo, Seitengänge im Galopp, Volten im Galopp, Pirouette, Piaffe, Passage, versammelter Schritt, Seitengänge im Schritt, Seitengänge in der Passage, Hinterhandwendung in der Piaffe.	wie oben

Eine Änderung der Reihenfolge der Lektionen ist möglich. Es gilt aber das Prinzip: Vom Leichteren zum Schwereren.

85

Sitz, Schenkellage und Zügelführung bleiben im Kontergalopp gegenüber dem normalen Galopp unverändert: Der innere Zügel (jetzt auf der Außenseite der Reitbahn) stellt das Pferd, der innere Schenkel am Gurt ist bereit zum Vorwärtstreiben, der äußere Zügel erhält die Stellung, der äußere Schenkel, eine Handbreit hinter dem Gurt, verhindert das Umspringen und das Ausfallen der Hinterhand.

Für den Übergang vom normalen Galopp zum Kontergalopp empfiehlt es sich, in der zweiten Ecke der langen Seite eine Kehrtwendung zu reiten. Der Kontergalopp wird auch als eine gute Vorübung zu den Seitengängen angesehen, über deren Ausführung bereits berichtet wurde. Die weiteren Übungen dienen der Vervollkommnung der ganzen Parade und dem Anreiten aus dieser zum Trab und Galopp. Der Mittelschritt und der starke Schritt erfordern einen deutlich weiteren Rahmen des Pferdes. Der starke Trab soll den Schwung aus der Hinterhand weiter fördern und ist nur in kurzen Reprisen auf der Geraden zu reiten. Der Nasenrücken des Pferdes muß deutlich vor der Senkrechten sein (siehe Abbildung 43).
Dabei muß vor den verspannt gehenden Blendern, den „Tretern", gewarnt werden, die die Vorderbeine vorschleudern und nicht dort auftreten, wo sie hinzeigen (Seunig, 1967).

Abb. 43 Starker Trab, Johann Hinnemann auf Malte. Abreiteplatz vor den Deutschen Meisterschaften der Dressurreiter, Berlin 1989.

Das Üben der fliegenden Galoppwechsel zu mehreren Tempi empfiehlt Podhajsky (1968) entlang der Wand der Reithalle zu üben. Dies soll ein Verwerfen der Hinterhand nach außen verhindern. Dabei beginnt man zunächst mit dem Wechsel nach dem 6. oder 5. Galoppsprung, um dann allmählich zum Zweierwechsel zu kommen. Sind diese gefestigt, kann mit dem Üben des Einerwechsels begonnen werden. Nach einem Zweierwechsel wird das Pferd in den Außengalopp gebracht, mit sofortigem Wechsel in den Innengalopp. Etwas schwierig ist es dann, sofort wieder in den Außengalopp zu wechseln. Sobald dies gelingt, wird der Einerwechsel auf beiden Händen gefestigt.

Seunig (1967) hingegen rät, die fliegenden Galoppwechsel immer auf der Geraden, abseits von der Wand zu üben. So solle der Reiter von vornherein überwachen können, ob das Pferd beim Umspringen seitlich ausweicht, was fehlerhaft ist. Für das Üben der fliegenden Wechsel vom Sechser- zum Zweier-Tempo empfiehlt Seunig, jeweils vor dem letzten Galoppsprung zum Schritt durchzuparieren, bis das Zweiertempo erreicht ist. Aus dem Zweiertempo solle dann der Einerwechsel geübt werden. – Fliegende Galoppwechsel im Einertempo hat als erster der französische Reitmeister François Baucher (1796 – 1873) geritten. Wenn es auch Stimmen gibt, die von einer unnatürlichen Gangart des Pferdes sprechen, so ist der Einer-Galoppwechsel heute ein Bestandteil jeder schweren Dressurprüfung, er wird auch an der Spanischen Reitschule in Wien geritten.

Das Üben der Seitengänge im Galopp kann beginnen, wenn das Pferd den versammelten Galopp beherrscht. Die Tragkraft der Hinterhand und die Biegung der Hanken muß also schon weit vorgeschritten sein. Das Pferd soll aus dem versammelten Trab auf die leiseste Hilfe angaloppieren, keinesfalls darf die Versammlung im Galopp durch zurückgerichtete Zügelanzüge herbeigeführt werden (Wätjen, 1966).

Die Pirouette gilt als eine der schwierigsten Übungen der Hohen Schule. Sie ist eine Wendung um die Hinterhand im Traversgalopp (Wätjen, 1966). In der Ausführung unterscheidet man die halbe Pirouette mit 3 - 4 Galoppsprüngen von der dreiviertel Pirouette mit 4 - 6 Galoppsprüngen und der ganzen Pirouette mit 5 - 8 Galoppsprüngen. Bei idealer Ausführung galoppiert das Pferd auf dem Kreisbogen eines Tellers (Podhajsky, 1968).

Für die Ausbildung des Pferdes in der Pirouette gibt es verschiedene Wege:
1. Aus dem Renvers-Galopp, etwas von der Wand entfernt geritten, wird anschließend in der Ecke nach außen eine dreiviertel Pirouette geritten.
2. Auf dem Zirkel wird eine Volte im Galopp geritten, mit anschließendem Übergang zur halben Pirouette.
3. Aus dem versammelten Galopp auf der geraden Linie wird eine doppelte Kurzkehrtwendung geritten.
Von letzterer Methode wird überwiegend abgeraten.

Die Arbeit an der Hand, ohne Reitergewicht, als Weg zur Piaffe.

Für die weitere Entwicklung der Versammlung bis zur Piaffe wird von Podhajsky (1968), Seunig (1967) und Wätjen (1966) übereinstimmend die Arbeit an der Hand empfohlen, ohne das Gewicht des Reiters. Dies erfordert Erfahrung und Können, es ist mit aller Behutsamkeit und Schonung des Pferdes vorzugehen. Als Ausrüstung dienen Kappzaum, Longiergurt und Ausbindezügel, das Pferd wird am Führzügel geführt, der in den mittelsten Ring des Kappzaumes eingehakt wird, die lange Dressurgerte ersetzt den treibenden Schenkel. Dabei muß das Pferd mit der Berührung durch die Gerte an Rücken, Flanke, Bauch und Hinterschenkel vertraut gemacht werden, bevor die eigentliche Handarbeit beginnt. Sie erfolgt zunächst auf der linken Hand, mit anfänglich relativ lang geschnallten Ausbindezügeln. Der Führzügel wird in der linken Hand gehalten, die Gerte in der rechten. Geht das Pferd ruhig und vertrauensvoll, wird es für die beginnende versammelnde Arbeit kürzer ausgebunden. Der Nasenrücken muß jedoch stets vor der Senkrechten bleiben, so daß das Pferd immer noch die Möglichkeit hat, mit Kopf und Maul zurückzuweichen.

Der Führzügel übernimmt die Aufgabe des Zügels, die an der Flanke einwirkende Gerte die des Schenkels. Das Pferd wird im versammelten Trab angeführt, danach wird in den versammelten Schritt übergegangen.

Diese Arbeit darf zunächst nur wenige Minuten dauern und wird immer wieder mit einer Belohnung enden. Aus dem versammelten Schritt wird allmählich die Piaffe entwickelt, zunächst mit geringer Vorwärtsbewegung. − Ist die Piaffe auf der linken Hand gefestigt, beginnt die Arbeit von vorn auf der rechten Hand. Der Lehrer geht stets in Schulterhöhe des Pferdes, sobald das Pferd steht, stellt er sich vor den Kopf des Pferdes. Die treibende Gerte kann auch am Hinterschenkel eingesetzt werden, zur Vervollkommnung der Piaffe kann man mit ihr auch leicht das Hinterbein des Pferdes unterhalb des Sprunggelenkes berühren.

Vor Beendigung der Handarbeit empfiehlt es sich, das Pferd mit dem Reitergewicht zu belasten, von der Erde aus aber die Hilfen zum Piaffieren zu geben (Seunig, 1967). Das so ausgebildete Pferd wird in der Endstufe der Arbeit allein unter dem Reiter piaffieren. Dessen Sitz muß aufgerichtet, frei von jeder Verspannung sein. Die locker herabhängenden Beine schwingen mit den Schenkeln wechselseitig gegen die Flanken des Pferdes, die Zügelführung muß gefühlvoll und darf nie zurückgerichtet sein.

Bei idealer Ausführung der Piaffe ist das Genick des Pferdes der höchste Punkt des Halses, die Kruppe ist leicht gesenkt und soll sich nur unmerklich heben und senken. Die Hufspitze des sich hebenden Vorderbeindes soll bis zur Mitte des Röhrbeines des stehenden Beines angehoben werden, der sich hebende Hinterhuf bis zur Mitte des Fesselkopfes des stehenden Hinterbeines. Dieses soll in einer senkrechten Linie unter der Hüfte auftreten (siehe Abbildung 44).

In diagonaler Fußfolge tritt das Pferd taktrein auf der Stelle, das Vorder- und Hinterbein wird zum Zeitpunkt der höchsten Erhebung ausgehalten. Fehlerhaft ist ein weggedrückter oder aufgewölbter Rücken, ein zu weites Vorsetzen der ungebeugten Hinterbeine, übereilte und ungleichmäßige Tritte und schaukelndes Seitwärtstreten. Ursachen dieser Fehler können eine schlechte und übereilte Gesamtausbildung des Pferdes sein, ein zu schnelles Vorgehen bei der Arbeit an der Hand oder ein verspannter Sitz des Reiters.

Die Passage.

Die Passage wird im Gegensatz zur Piaffe nur unter dem Reiter gelehrt. Meist folgt sie in der Ausbildung nach der Piaffe, dies muß aber nicht sein. So bezeichnen französische Meister die Piaffe als eine Passage auf der Stelle (Podhajsky, 1968). Wird die Passage nicht aus der Piaffe entwickelt, so wird sie dem Pferd aus einem Wechsel vom verstärkten zum verkürzten Trab gelehrt, bis einige Schwebetritte entstehen. Hierbei wirkt der Reiter bei vermehrter Oberkörperaufrichtung mit einem gleichzeitigen, kurzen aber kräftigen Druck beider Schenkel ein — eventuell mit dem zusätzlichen Einsatz der Gerte

Abb. 44 Piaffe, Otto Hofer auf Andiamo 12. Abreiteplatz vor S-Dressur, München 1989.

89

knapp hinter dem Schenkel — bei aushaltender Hand.

Ein vorbildlich in der Passage gehendes Pferd hebt den Vorderarm fast bis zur Waagerechten, das Hinterbein wird etwas über das Fesselgelenk des stehenden Hinterbeines angehoben. Die Hanken sind gebeugt, der schwebende Trab ist taktmäßig rein, ohne seitliches Schwanken, der Rücken ist elastisch, das Genick der höchste Punkt des Halses.

Auch in der Passage muß der Sitz des Reiters ohne jede Verspannung sein. Jegliches Bohren oder Drücken mit dem Sitz im Rücken des Pferdes ist grob fehlerhaft. Seunig (1967) hat für das Reiten der Lektionen der Hohen Schule den Begriff des „Schulsitzes" geprägt und sieht ihn als die Idealform des „Normalsitzes" an. Ihn zeichnet eine federnde Festigkeit des Rückgrates aus, verbunden mit einer Geschmeidigkeit des Sitzes. Hier besteht also eine Übereinstimmung mit dem schon mehrmals beschriebenen Dressursitz im Sinne Guérinières. Alle Bewegungen und Hilfen des Reiters sind sparsam und stehen im Einklang mit den Bewegungen des Pferdes. Die Schenkel des Reiters berühren wechselseitig die Flanken des Pferdes, die Zügelführung erfolgt mit allergrößter Feinfühligkeit.

IV. Die Beizäumung des Pferdes mit Gewalt ist unsinnig und schadet seiner Gesundheit

11. Der „Baucherismus" und seine Folgen.

Bauchers Irrtum und Wandlung —
Hand statt Sitz und Schenkel — Gefesselte Pferde.

Bauchers Irrtum und Wandlung.

Selten hat ein Reiter wohl soviel Furore gemacht, wie François Baucher (1796 - 1873). Selten waren die Lehren eines Mannes in der Reiterei so umstritten, wie die seinen. Als genialer Reiter verstand er es, Menschen mit seinen Reitkünsten zu faszinieren, denen Einsichten und Kenntnisse über die Grundsätze der Ausbildung des Pferdes nach klassischen Grundsätzen fehlten. Sein im Jahre 1842 erstmals erschienenes Buch „Méthode d'équitation" — „Methode der Reitkunst nach neuen Grundsätzen" kam innerhalb kurzer Zeit in

zwölf Auflagen heraus, man riß es sich förmlich aus der Hand.

Welcher Halbwisser mochte nicht fasziniert sein von den Versprechungen Bauchers, einem blutigen Anfänger innerhalb von dreißig Tagen das Reiten beizubringen, auf daß er ein junges Pferd innerhalb von 75 Tagen soweit ausbilden könne, daß es den Anforderungen der Militärreiterei genüge? Sofern man seinen Vorschlägen Folge leiste, würde „man innerhalb eines Monats den schwerfälligen Körper eines normannischen oder bretonischen Rekruten zum Reitdienste soweit entwickelt haben, als es seine Waffe erfordert; die rationell angewandte Reitgymnastik hat bald seiner Ungeschlachtheit abgeholfen", schrieb Baucher. Die Ausbildung des jungen Pferdes sollte durch ein „Weichmachen" des Pferdes vorbereitet, erleichtert und abgekürzt

91

werden. Dieses „Weichmachen" hatte bei den für die „Dressur wichtigsten Körperteilen" zu beginnen, nämlich den Ganaschen und dem Hals. „Kopf und Hals bilden für den Reiter Steuer und Kompaß", so Bauchers Auffassung. Und weiter: „Der Widerstand, den das Pferd der Reiterfaust entgegensetzt, kann nur dadurch gebrochen werden", daß man den Hals „nach allen Richtungen durchbiege". Kopf und Hals sollten am stehenden Pferd nach allen Seiten gebogen werden, sowohl in der Arbeit an der Hand als auch unter dem Sattel. Die dressurmäßige Arbeit des jungen Pferdes hatte nicht im Trab zu beginnen — wie seit Jahrhunderten in der klassischen Reitkunst anerkannt — sondern im Schritt. Stets sollte dabei für die „tadellose Haltung von Kopf und Hals Sorge" getragen und der „Kopf in senkrechter Stellung und richtiger „Anlehnung" gehalten werden.

Baucher war überzeugt, „daß der Urgrund aller Bewegungen im Kopf und Hals des Pferdes liege" — ganz im Gegensatz zu den Meistern klassischer Reitkunst, die von der Gymnastizierung der Hinterhand ausgingen. — Die Befürworter und Gegner der Baucher'schen Thesen bekämpften sich mit großem Engagement, sowohl in Frankreich als auch in anderen Ländern Europas. So machten auch Seeger und Steinbrecht in Deutschland öffentlich Front gegen Baucher. Dessen Stern verblaßte, als sein Gönner, der Herzog von Orléans, plötzlich verstarb und an dessen Stelle sein Bruder, der Prinz von Nemours trat, der Bauchers Lehre ablehnte, da sie

den Pferden den Schwung nahm (Seunig, 1981).

Man könnte diese Episode aus der Geschichte der Reitkunst vergessen, würden nicht die Thesen Bauchers — dazu oft mißverstanden — heute in manchen Kreisen Beachtung finden und Unheil anrichten. Autodidakten, Halbwisser und Nachahmer arbeiten ihre Pferde von vorn nach hinten, anstatt sie von hinten nach vorn zu gymnastizieren. Diese Leute übersehen offenbar, daß Baucher im Alter Abstand von seinen Thesen nahm und sich den Auffassungen der klassischen Schule anschloß.

Hand, statt Sitz und Schenkel.

Im Dressurreiten unteren Niveaus und im Springreiten der gehobenen Leistungsklassen hat der zurückgerichtete Zügel bei zahlreichen Reitern den Vorrang vor Sitz- und Schenkelhilfen. Dabei wird die Forderung, daß ein richtig gymnastiziertes Pferd durchs Genick treten sollte, häufig mißverstanden. Im klassischen Sinne ist hierunter zu verstehen, daß die im Schwung aus der Hinterhand tätigen Muskeln der Kruppe, des Rumpfes und der Vorhand bis zum Genick des Pferdes wirken, das der höchste Punkt des Halses sein soll. An der elastisch aushaltenden Hand soll sich das Pferd — bei einer Kopfstellung vor der Senkrechten — mit tätigem Maul im Genick abstoßen. Bei einem mit dem Zügel senkrecht gestellten oder gar hinter die Senkrechte gezogenen Kopf sind der dritte bzw. vierte Halswirbel der höchste Punkt des Halses, so daß sich das Pferd im Genick nicht abstoßen kann. Das dabei tote Maul zeigt dem Beschauer, daß die mit der Hand herbeigeführte Kopfstellung das Pferd verspannt, so daß die Hilfen des Reiters nicht durchkommen.

Gefesselte Pferde.

Leider nehmen heute viele Reiter Zuflucht zum Schlaufzügel. Damit meinen sie, Mängel in der Gymnastizierung des Pferdes ausgleichen zu können, in der irrigen Annahme, den Mangel an Schwung und Elastizität des Pferdes durch eine mit Zwang erreichte Kopfhaltung hinter der Senkrechten ausgleichen zu können. Offenkundig geht dieses Verhalten auf eine Mißdeutung der Baucher'schen Thesen zurück, schrieb er doch: „Steifungen in der Vor- und Nachhand wirken wechselseitig, d. h. widerstrebt der Hals, so geschieht dasselbe in den Hanken und umgekehrt. Es läßt sich demnach der eine Teil durch den anderen bearbeiten." – Offensichtlich hat man übersehen, daß Baucher diesem Satz noch einen weiteren hinzugefügt hat, nämlich: „Hat man sich einmal beide (die Vor- und Nachhand, d. Verf.) vollkommen gefügig gemacht und die Harmonie zwischen beiden hergestellt, so ist die Ausbildung zur Hälfte erreicht." Es geht also nicht ohne Harmonie zwi-

Abb. 45 Die Anwendung des Schlaufzügels stellt das Pferd „auf den Kopf" . . .

schen Vor- und Hinterhand – und die wird durch den Schlaufzügel zerstört.

Wie ungünstig sich die Anwendung des Schlaufzügels auf die Gymnastizierung und den Körperbau des Pferdes auswirken, mögen die beiden folgenden Abbildungen 45 und 46 zeigen. Das Pferd wird durch den Schlaufzügel zusammengezogen und verliert an Elastizität. Es galoppiert „auf dem Kopf", hat im Hals einen falschen Knick und die Halsmuskulatur ist schlecht entwickelt.

Auf den Abreiteplätzen nationaler und internationaler Wettbewerbe im Springen der höchsten Leistungsklasse werden den Pferden heutzutage vielfach Schlaufzügel angelegt. Welch schlimme Bilder zusammengezogener Pferde da zu sehen sind, belegen die folgenden Abbildungen 47 – 50.

Die Gedankenlosigkeit und Unverfrorenheit mancher Springreiter geht sogar soweit, daß sie mit Schlaufzügeln zur Siegerehrung in den Parcours reiten. Solche Reiter gewinnen nicht eine Siegerschleife, **weil** sie den Schlaufzügel verwenden, sondern **obwohl** sie dies tun.

In einem Zeitschriftenbeitrag mit dem Titel: „Schlaufzügel – ja oder nein?" befaßte sich Albert Stecken (1985) mit der Frage der Schlaufzügel-

Abb. 46 . . . und bewirkt im Hals einen falschen Knick, so daß das Pferd mit gesenktem Genick galoppiert. Abreiteplatz, München 1989.

Abb. 47 *Zwangshaltung des Pferdes durch den Schlaufzügel. Abreiteplatz vor S-Springen, München 1990.*

Abb. 48 *Mit dem Schlaufzügel wird das Pferd auf die Vorhand gezogen. Abreiteplatz vor S-Springen, München 1989.*

95

Abb. 49 Mit Schlaufzügel gefesseltes Pferd. Abreiteplatz vor S-Springen, München 1989.

Abb. 50 Schlaufzügelanwendung ohne Sinn und Verstand. Abreiteplatz vor S-Springen, München 1989.

anwendung und zitierte die Aussagen einer Reihe anerkannter Autoren, so u. a. Freiherrn von Redwitz (1920), Alois Podhajsky (1965), Waldemar Seunig (1973), Richard L. Wätjen (1978), Udo Bürger (1982), Freiherrn von Stackelberg (1983) sowie die Reitvorschrift von 1912 und die Richtlinien für Reiten und Fahren (1979). Alle Autoren stimmen darin überein, daß der Schlaufzügel abzulehnen ist, wenn er zum Erzwingen einer bestimmten Kopfhaltung eingesetzt wird. Zu akzeptieren sei er allenfalls nur für kurzzeitige Korrekturzwecke in der Hand eines sehr erfahrenen und gefühlvollen Reiters. Auf Abreiteplätzen vor Wettbewerben jeglicher Art sei der Schlaufzügel ausnahmslos abzulehnen.

In einem Leserbrief zum Beitrag von Albert Stecken schreibt Dr. Reiner Klimke (1986), Olympiasieger und Weltmeister der Dressurreiter u. a.: „Ergänzend zu den von Herrn Stecken aufgeführten Nachteilen einer regelmäßigen Anwendung von Schlaufzügeln möchte ich aus meiner Erfahrung darauf hinweisen, daß die Rückentätigkeit des Pferdes und damit der gesamte Bewegungsablauf durch den Gebrauch von Schlaufzügeln beeinträchtigt werden. Was dies zur Folge hat, erfährt der Reiter oft erst dann, wenn es zu spät ist. Wir müssen uns mit Nachdruck dafür einsetzen, daß wir kein mechanisiertes Pferd hervorbringen, sondern durch gymnastische Ausbildung das Pferd gesunder und schöner machen wollen."

12. Das junge Pferd auf der Reitpferde-Auktion oder im ersten Wettbewerb.

Impressionen von einer Reitpferde-Auktion − Materialprüfung unter dem Sattel − Immer langsam mit den jungen Pferden.

Impressionen von einer Reitpferdeauktion.

Die Zuchtverbände, private Züchter und staatliche Gestüte veranstalten in Deutschland alljährlich zahlreiche Reitpferdeauktionen. Hierzu werden vorwiegend drei- und vierjährige, veranlagte Pferde von Fachleuten ausgewählt, um dann fünf bis sechs Wochen vor der Auktion speziell trainiert zu werden. Die jungen Pferde befinden sich überwiegend in der ersten Hälfte ihres ersten Ausbildungsjahres und werden von ausgewählten Bereiterinnen und Bereitern unter der Aufsicht eines Ausbildungsleiters geritten. Die Pferde sollen soweit gefördert werden, daß sie sich auf der Auktion in bezug auf ihren Gang und ihre Haltung möglichst gut präsentieren. Schließlich wird dadurch der zu erzielende Preis wesentlich mitbeeinflußt.

Im Frühjahr 1990 besuchte ich im süddeutschen Raum über mehrere Tage das Training der jungen Aukti-

Abb. 51 Gefühlvoller Entlastungssitz der jungen Reiterin im Galopp. Ausbildung des Pferdes zur Reitpferde-Auktion.

onspferde, um mir über Sitz und Zügelführung der Bereiterinnen und Bereiter ein Bild zu verschaffen. Über die gewonnenen Eindrücke soll im folgenden berichtet werden. Hierbei habe ich Gustav Steinbrecht (1966) zu Rate gezogen, um das Gesehene unvoreingenommen und unbestechlich kommentieren zu können: Steinbrecht hätte sicherlich große Freude gehabt, hätte er dem jungen Mädchen zugeschaut, das das dreijährige, ihrem Vater gehörende Reitpony „Roam" in der Reithalle zuritt (siehe die Abbildungen 51 u. 52). Die für das Reitpony schon relativ große, junge Reiterin saß mit rückenentlastendem Sitz und führte das Pferd mit feinfühliger, nach vorn lebender Zügelhand.

Das junge Pferd trabte und galoppierte seelenruhig in losgelassener, natürlicher Aufrichtung und ließ sich durch nichts aus der Ruhe bringen.

Die junge Reiterin entsprach somit voll und ganz der Lehre Steinbrechts, der für das Anreiten eines jungen Pferdes einen leicht nach vorn gerichteten Entlastungssitz fordert, um die Schwerpunkte von Reiter und Pferd in Übereinstimmung zu bringen. Die vortreibenden Hilfen sollten nur durch Schenkel und Gerte gegeben werden. Die Zügel seien zwar relativ kurz zu führen und sollen den Hals des Pferdes berühren. Aber nicht der Reiter habe „mit den Händen die gewünschte Anlehnung zu suchen, son-

Abb. 52 Leichttraben mit rückenentlastendem Sitz. Ausbildung des jungen Pferdes zur Reitpferde-Auktion.

dern in ruhiger Stellung abzuwarten, bis das Pferd sie sich infolge der vortreibenden Hilfen und des dadurch bewirkten Streckens des Halses von selbst nimmt". Diesen Forderungen entsprach die junge Reiterin nahezu perfekt.

Nach Steinbrecht (1966) soll der Bereiter durch eine geschickte Gewichtsverteilung dem jungen Pferd helfen, sein Gleichgewicht zu finden. Er warnt vor jeder Übertreibung des Zügelannehmens. Durch eine zu „feste Anlehnung" könne die Durchblutung des Kopf- und Halsbereiches des Pferdes und der Kehlkopf und die Luftröhre einen solchen Schaden erleiden, daß das Pferd zum „Roarer" wird, also einen Ton bekommt. Die auf den Abbildungen 53 und 54 gezeigten jungen Bereiter haben von

diesen Ermahnungen Steinbrechts offensichtlich noch nie etwas gehört.

Auch die an sich geschmeidig sitzenden beiden jungen Reiterinnen hätten sich wegen ihrer starren, zurückgerichteten Zügelfäuste Steinbrechts Kritik gefallen lassen müssen, heißt es doch bei ihm: „Ich wiederhole daher nochmals, die sichere Anlehnung, also die richtige Anspannung der Zügel durch den Gang kann am schnellsten und leichtesten nur in natürlicher Haltung des Pferdes gewonnen werden." (siehe Abb. 55 und 56)

Sofern ein Reiter in ein junges Pferd vermehrt einsitzt, sein angespanntes Kreuz in den Rücken des Pferdes bohrt und mit zurückgerichteter Zügelfaust eine unnatürliche Kopf- und Halshaltung erzwingt, entstehen

Abb. 53 Sitz mit angezogenem Kreuz und zurückgerichteter Zügelhand. Falsch verstandene Ausbildung eines jungen Pferdes zur Reitpferde-Auktion.

Abb. 54 Gewaltsame Beizäumung und schweres Einsitzen des Reiters. Falsch verstandene Ausbildung eines jungen Pferdes zur Reitpferde-Auktion.

Abb. 55 Der Kopf des Pferdes wird hinter die Senkrechte gezogen. Falsch verstandene Ausbildung eines jungen Pferdes zur Reitpferde-Auktion.

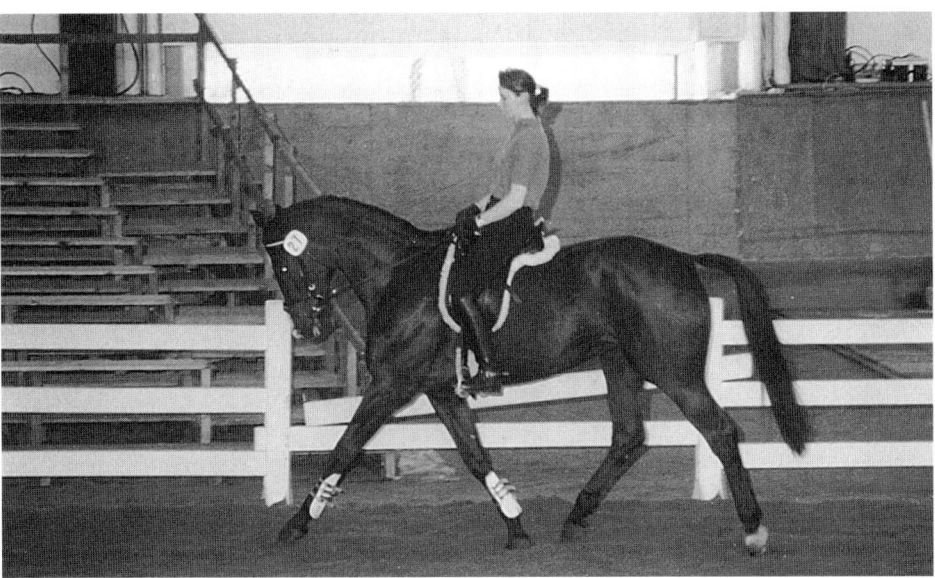

Abb. 56 Die rückwärts gerichtete Zügelhand der Reiterin zieht den Kopf des Pferdes hinter die Senkrechte. Falsch verstandene Ausbildung eines jungen Pferdes zur Reitpferde-Auktion.

beim Pferd schmerzhafte Muskelver-krampfungen. Oft reagiert es darauf mit heftigen Bocksprüngen. Dies blieb natürlich auch bei dieser Art des Bereitens nicht aus. Steinbrecht macht eindringlich darauf aufmerksam, daß das Pferd dadurch schwere gesundheitliche Schäden davontragen kann. Es könne sich hierdurch Prellungen und „Schäden für das ganze Leben an den Knochen zuziehen", schreibt er. Offensichtlich ist das in Vergessenheit geraten. So verwundert es nicht, wenn manches Pferd bereits im Alter von 7 - 8 Jahren reituntauglich wird. Schließlich sei noch auf die Forderung Steinbrechts verwiesen, die er an das Können des Bereiters eines jungen Pferdes stellt. So schreibt er: „Es ist eine verbreitete, aber ganz falsche Ansicht, daß das junge Pferd, dessen Gefühl noch nicht ausgebildet ist und das weder Zügel noch Schenkel kennt, für die ersten Übungen keines feinen Reiters bedürfe, sondern durch den ersten besten Reitknecht, der genug Sitz hat, sich nicht abwerfen zu lassen, aus dem Gröbsten herausgearbeitet werden könne. Je leichter Sitz und Hand sich betätigen und je feineres Gefühl der Reiter besitzt, umso größer wird sein Erfolg sein, weil er hierdurch befähigt ist, stets in Harmonie mit seinem Pferd zu bleiben, also das Zusammenfallen der Schwerlinien beider Körper so vollkommen zu erhalten, daß sie gleichsam eins miteinander werden."

Auch wenn für das Training von Auktionspferden nur eine kurze Zeitspanne zur Verfügung steht, dürfen nur faire und als richtig anerkannte Ausbildungsmethoden angewandt werden. Dies erfordert nicht nur die Achtung des Lebewesens Pferd, sondern auch die Berücksichtigung der Interessen des Käufers. Schließlich vertraut er darauf, ein **reell** ausgebildetes Pferd zu erwerben.

Materialprüfung unter dem Sattel.

In Deutschland werden Materialprüfungen für 3- und 4jährige Pferde abgehalten. „Beurteilt werden ohne Bewertung des Ausbildungsstandes die **natürlichen Bewegungen** des Pferdes in den drei Grundgangarten, sein Gebäude und sein Gesamteindruck als Reitpferd einschließlich des Temperamentes" (LPO, 1990). Zur Placierung werden die jungen Pferde unter dem Reiter vorgestellt, wobei die Richter mittels der Wertnoten von 10 = ausgezeichnet bis 0 = nicht ausgeführt folgende Kriterien beurteilen: Trab, Galopp, Schritt, Gebäude und Gesamteindruck, einschließlich Temperament.

H. J. Köhler (1986) weist auf die Gefahren einer Notenvergabe für das **Gebäude** des Pferdes hin. Eine kleinliche Beurteilung eines vermeintlichen anatomischen Fehlers könne ein leistungsstarkes, vorzügliches Reitpferd erheblich benachteiligen. Entscheidend sei die Beurteilung des Pferdes unter dem Sattel. Dem kann an sich nur zugestimmt werden. Dabei muß jedoch berücksichtigt werden, wie ein junges Pferd geritten wird. Ein mit angezogenem Kreuz sitzender und im Rücken des Pferdes bohrender Reiter kann schuld sein an den angeblichen Proportionsmängeln des Pferdes, ebenso können dadurch Verspannungen in der Hals- und Rückenpartie auftreten. Dagegen wird sich ein im klassischen Dressursitz vorgestelltes Pferd von seiner besten Seite zeigen können. Beim Vorbereiten und Vorstellen junger Pferde für Materialprüfungen ist daher in jedem Falle auf die Reitweise des Bereiters zu achten. Jegliches Kreuzanziehen sollte unterbleiben. Andernfalls kann es zu ungerechten, negativen Fehlurteilen kommen.

Immer langsam mit den jungen Pferden.

Angesichts des frühen Verschleißes vieler junger Pferde veranstaltete die Fachgruppe Dressur des Deutschen Reiter- und Fahrerverbandes auf der Weltmesse des Pferdes, der Equitana 1991, eine Podiumsdiskussion zum Thema: „Mehr Schutz für die jungen Pferde". Als Ursache für die zu kurze Lebenserwartung vieler Pferde wird u. a. eine zu schnelle, unsachgemäße Ausbildung angesehen. Es werden viel zu hohe Anforderungen gestellt, die zwangsläufig zu irreparablen Beinschäden führen müssen. Zu beklagen seien auch die überzogenen Anforderungen der Richter bei der Materialprüfung von jungen Pferden. So kritisierte Reitmeister Jean Bemelmans: „Wenn ich mein junges

Pferd in einer Materialprüfung lang und tief reite, wie es dem Alter entsprechend richtig wäre, werde ich von den meisten Richtern schlecht bewertet!" Des weiteren sprach man sich gegen den Turniereinsatz dreijähriger Pferde aus und erinnerte daran, daß sowohl an der früheren Kavallerieschule Hannover als auch heute noch an der Spanischen Reitschule in Wien die Pferde bis zu einem Alter von sieben Jahren als Remonten geführt wurden bzw. werden.

Sieht man sich die Auktionskataloge mancher deutscher Pferdezuchtverbände an, muß man leider feststellen, daß mittlerweile 75 % der angebotenen Pferde nur ein Alter von drei Jahren haben. Da das junge Pferd vor der Auktion ein schweres Ausbildungsprogramm absolvieren muß, kann der Pferdeverschleiß schon vorprogrammiert sein. Dies liegt sicherlich nicht im Interesse des Käufers — und schon gar nicht in dem des Pferdes.

Man kann daher dem interessierten Käufer nur raten, sein Kaufverhalten zu überdenken. Nur so könnten die Zuchtverbände veralaßt werden, von dem bereits eingeschlagenen, für die Langlebigkeit des Pferdes verhängnisvollen Weg wieder abzugehen. Das Mindestalter eines unter dem Sattel vorgestellten Auktions-Pferdes sollte vier Jahre betragen.

V. Mit Guérinière und Caprilli

13. Der Sitz im Springreiten.

Kegel und Caprilli, der Vergessene
und Anerkannte — Der Springstil bei
der Olympiade 1936 und in der Zeit
danach — Bertalan de Nemethy zeigt
die Richtung — Der Sitz zwischen den
Hindernissen — Der Steh-Sitz, ein
leichter Sitz? — Die Gymnastizierung
des Springpferdes.

Kegel und Caprilli, der Vergessene und der Anerkannte.

Das turniermäßige Springreiten
wurde etwa ab 1890 ein selbständiger
Zweig des Reitsportes. In den neunzi-
ger Jahren des vorigen Jahrhunderts
wurden in den Großstädten Berlin,
Frankfurt, Hamburg, Köln und München sogenannte „Concours hippi-
ques" veranstaltet, auf denen auch
Preisspringen stattfanden. Allerdings
war man auf diesen Veranstaltungen

noch „unter sich", war doch der
Springsport nur den Reiteroffizieren
und einigen wenigen Zivilreitern
vorbehalten. Lange vor dem turnier-
mäßigen Springreiten wurden Hindernisse im Gelände zu Pferde über-
wunden. Dabei galt der „Rückwärtssitz" beim Sprung über das Hindernis
als der richtige und offiziell anerkannte. Der Reiter lehnte sich über
dem Sprung mit dem Oberkörper
nach hinten, sich mit Knien und
Schenkeln am Pferd festklemmend
und am Zügel festhaltend. Pferd und
Reiter boten schreckliche, ver-
krampfte Bilder (siehe Abb. 57).
Schwere Reitunfälle mit Knochen-
brüchen waren an der Tagesordnung.

Der aus Bayern stammende k. u. k.
Oberleutnant Carl Kegel lehrte zwar
bereits um 1850 den nach vorne gerichteten Springsitz, blieb aber völlig

unbeachtet (Seunig, 1981). Der Rückwärtssitz wurde also beibehalten und auch in dem sich turniermäßig entwickelnden Springsport bis auf wenige Ausnahme angewandt. Dem italienischen Reiteroffizier Friderico Caprilli blieb es vorbehalten, den rükkenentlastenden Springsitz mit nach vorn gerichtetem, mit der Bewegung des Pferdes mitgehenden Oberkörper zu entwickeln und der Öffentlichkeit vorzustellen. Ab dem Jahre 1895 lehrte er an der italienischen Kavallerieschule Tor di Quinto diesen Springstil, der von 1907 an in ganz Europa anerkannt wurde — nur in

Deutschland nicht. Hier verhinderten die im Springsport tonangebenden Militärs die Einführung dieses Springstils und unterdrückten eine protestierende Opposition mit allen Mitteln. Die Befürworter des neuen Springstils konnten es nicht wagen, die von ihnen verfaßten Beiträge in Reiterzeitschriften unter ihrem Namen zu veröffentlichen. Es störte die uneinsichtigen Militärs auch nicht, daß die im neuen Stil reitenden ausländischen Springreiter ihren deutschen Konkurrenten auf und davon ritten, waren diese doch von höchster Stelle aus gezwungen, weiter im

Abb. 57 Springen um 1900 im Rückwärtssitz, gefährlich für den Reiter, quälerisch für das Pferd.

105

Rückwärtssitz zu springen. Erst im Jahre 1920 wurde der auf Caprilli zurückgehende Springstil auch in Deutschland offiziell anerkannt. Von da ab errangen auch deutsche Springreiter — in Verbindung mit der dressurmäßigen Ausbildung ihrer Pferde — große internationale Erfolge (Menzendorf, 1988).

Der Springstil bei der Olympiade 1936 und in der Zeit danach.

Die Krönung der Erfolge deutscher Springreiter nach dem ersten Weltkrieg war der Gewinn der Goldmedaille in der Einzel- und Mannschaftswertung auf der Olympiade

Abb. 58 Kurt Hasse auf Tora. Gewinner der Goldmedaille im Springen in der Einzel- und Mannschaftswertung der Olympischen Spiele, Berlin 1936.

1936 in Berlin. Betrachtet man den Springstil der Teilnehmer an diesem olympischen Wettbewerb, so war der Einfluß Caprillis unverkennbar (Rau, 1937). Trotzdem war der Stil aller Teilnehmer individuell. Selbst die deutsche Mannschaft, deren Mitglieder alle aus der Kavallerieschule Hannover kamen, sprangen im Stil nicht einheitlich. So saß der Olympiasieger des Einzelwettbewerbes, Oberleutnant Kurt Hasse, im Sprung mit gestrecktem Oberkörper, den Bügel unter dem Fußballen führend, während der Rittmeister H. Brandt im Sprung

den Rücken rund machte, den Fuß bis zum Steg im Bügel durchgesteckt (siehe die Abbildungen 58 und 59).

Auch in den beiden ersten Jahrzehnten nach dem 2. Weltkrieg sprangen Spitzenspringreiter im Stil individuell, unter ihnen Fritz Thiedemann, Hans-Günter Winkler, Alwin Schokkemöhle und Hermann Schridde (Werner Menzendorf, 1988). Dies ist insofern nicht verwunderlich, als es zu dieser Zeit noch keine einheitliche Lehrmeinung über den Springstil gab. So schreibt Müseler (1957):

Abb. 59 H. Brandt aus Alchimist. Mitglied der Goldmedaillenmannschaft der Olympischen Spiele, Berlin 1936.

„Über die Technik im Sprung sind die Ansichten noch immer nicht gleichmäßig. Zum Teil mag dies daran liegen, daß der eine Teil der Springer nur von der Praxis des Springens ausgeht und der andere Teil nach den Grundsätzen der Dressur die Frage theoretisch lösen möchte."

Berthalan de Nemethy zeigt die Richtung.

Es blieb dem ungarischen Reiteroffizier Berthalan de Nemethy vorbehalten, diese Lücke zu schließen und sich große Verdienste um die stilistische Weiterentwicklung des Springreitens zu erwerben. Als Emigrant ging er nach dem Zweiten Weltkrieg in die USA und trainierte dort die Spitzen-Springreiter. Die Krönung seiner Trainertätigkeit waren die Erfolge der US-amerikanischen Springreiter bei den Olympischen Spielen 1984 in Los Angeles, wo sie die Gold- und Silbermedaille im Einzelwettbewerb und die Goldmedaille in der Mannschaftswertung gewannen. Dabei wurden die Pferde in einem überzeugenden Stil geritten und gesprungen. Die Leistung de Nemethys wird auch von dem erfolgreichen Springreiter Paul Schockemöhle anerkannt, wenn er in einem Vorwort bei Morris (1984) schreibt: „Die von Berthalan de Nemethy, einem Exilungarn, trainierten Reiterinnen und Reiter zeigten uns Ritte auf ihren Vollblütern, die uns das Wasser in die Augen trieben."

Was ist das Besondere an dem von de Nemethy gelehrten Springstil? Der Reiter sitzt im Sprung mit gestrecktem Oberkörper zu Pferde, ohne den Rücken rund zu machen. Dabei ist der Blick nach vorn gerichtet, die Bügel werden mit dem Fußballen federnd geführt. Die Knie werden nicht ans Pferd gepreßt, der in den Knöcheln federnde Fuß des Reiters soll ein Zurückrutschen der Schenkel verhindern. Großer Wert wird auf ein gefühlvolles Mitgehen der Hände im Sprung gelegt. So heißt es bei Morris (1984), einem Schüler de Nemethys: „Mit den Händen zurückzuwirken ist der schlimmste Fehler beim Springen: Das Pferd hat nicht genügend Hals- und Kopffreiheit, um sich über dem Hindernis fliegen zu lassen und richtig auszubalancieren. Selbst das mutigste und springfreudigste Tier wird unter einem solchen Reiter bald Springen mit Strafen im Maul assoziieren."

Der Springstil heutiger Spitzenspringreiter des In- und Auslandes entspricht diesen von Morris formulierten Grundsätzen, wobei immer noch genügend Raum für gewisse individuelle Abweichungen bleibt (siehe die Abbildung 60).

Der Sitz zwischen den Hindernissen.

Voraussetzung für beständige Erfolge im Springreiten ist ein guter Sitz im Galopp zwischen den Hindernissen. Nur wer geschmeidig zu Pferde sitzt, ist in der Lage, sein Pferd kontrolliert gegen das Hindernis zu reiten, um den richtigen Absprung zu finden

Abb. 60 Gert Wiltfang, einer der stilistisch besten und erfolgreichsten deutschen Springreiter auf Pepino, Berlin 1989.

und fehlerfrei zu springen. Grundlage dieses Sitzes ist auch im Springen der klassische Dressursitz im Sinne Guérinières. Aus ihm ist der Entlastungssitz entwickelt, der bei leichter Oberkörpervorneigung eine Aufrichtung des Oberkörpers erfordert, die zu der gebogenen Nierenpartie führt. Auf den Abbildungen 61 und 62 sieht man stilistisch gut sitzende und erfolgreiche Reiter auf dem Weg zum nächsten Hindernis.

Während Seunig (1967) und die „Deutsche Reitlehre" (1980) den Sitz mit leichter Oberkörpervorneigung als Entlastungssitz bezeichnen, spricht Müseler vom „Vorwärtssitzen" und Morris (1984) vom „Drei-

punktkontakt". Der letztere Begriff wird verwendet, weil der Reiter mit dem Gesäß und den beiden Schenkeln Kontakt zum Pferd hat.

Aus diesem Sitz werden Hilfen gegeben:
— Zur Erhöhung des Tempos mit dem Druck beider Schenkel bei nachgebendem Zügel.

— Zur Verkürzung des Tempos und der Tritte durch halbe Paraden.

— Zur Verlängerung der Tritte durch nachgebende Zügel.

Das Treiben des Pferdes mittels Kreuzanziehen ist abzulehnen, weil

Abb. 61 Karsten Huck auf Nepomuk. Deutsche Meisterschaften der Springreiter, Berlin 1989.

Abb. 62 Captain Gerry Mullins aus Irland auf Lismore 2 im Entlastungssitz beim Anreiten eines Hindernisses. S-Springen, München 1991.

Abb. 63 Anreiten des Hindernisses mit angezogenem Kreuz, das Pferd drückt den Rücken weg. Deutsche Meisterschaften der Springreiter, Berlin 1989.

Abb. 64 Mit angezogenem Kreuz zum nächsten Hindernis, das Pferd verspannt sich. S-Springen München 1991.

dies häufig beim Pferd zu Verspannungen führt, wodurch sehr leicht Springfehler entstehen können. Die Verspannungen äußern sich in einem Wegdrücken des Rückens oder im Vordrücken des Unterhalses, wie es die Abbildungen 63 und 64 zeigen. Springpferde, die sich vor dem Sprung verspannen, sind naturgemäß auch in ihrer Gesundheit gefährdet.

Nach einem starken Zügeleinsatz zur Regulierung des Tempos sind sehr häufig Springfehler zu beobachten. Der Zügelanzug beeinträchtigt die Funktion der Rückenmuskeln und verhindert das hohe Anheben der Hinterbeine.

Der Steh-Sitz, ein leichter Sitz?

In manchen Lehrbüchern wird für das Springreiten der Steh-Sitz empfohlen und als „leichter Sitz" bezeichnet. Der Reiter soll also nicht im Sattel sitzen, sondern in den Bügeln stehen. Hierzu sollen die Bügel um fünf Löcher kürzer geschnallt werden als im Dressursitz. Der Reiter stützt sich mit den Waden und den Füßen ab, mit dem Steg des Stiefels im Bügel stehend. Das Gesäß ist aus dem Sattel erhoben, meist wird der Rücken rund gemacht. Auch die Deutsche Reitlehre (1980) empfiehlt – neben dem Entlastungssitz – diesen Sitz für das Springreiten. Allerdings soll der Fuß nicht bis zum Steg durch den Bügel gesteckt werden, sondern hinter dem Fußballen den Bügel führen und in ihm stehen. Morris (1984) verwendet für den Steh-Sitz den Begriff „Zweipunkt-Kontakt", weil der Reiter nur mit den Schenkeln Berührung mit dem Pferd hat. Dabei bemerkt er, daß die Mehrzahl der Springreiter der gehobenen Klasse den Entlastungssitz bevorzugt, also den „Dreipunkt-Kontakt", wie er es nennt, um das Pferd besser beherrschen zu können, seine Vorhand zu entlasten und es wendiger zu machen.

Der leichte Sitz hat gegenüber dem Entlastungssitz zahlreiche Nachteile, als da sind:
— Der Reiter steht mit rundem Rücken in den Bügeln über dem Pferd, anstatt tief im Sattel zu sitzen. Zwangsläufig federt der Reiter in der Wirbelsäule weniger, außerdem belastet er die Vorhand des Pferdes stärker.
— Das Abwenden des Pferdes im Parcours erfolgt vorwiegend mit den Zügeln, ohne die Mitwirkung des Reitergewichtes, ohne die Drehung des Oberkörpers.
— Das Aufnehmen oder Verkürzen der Tritte des Pferdes, die Einwirkung durch halbe Paraden erfolgt nur mit den Zügeln und nicht ergänzend durch die Verlagerung des Gewichtes auf den stehenden Hinterfuß des Pferdes und durch halbe Bügeltritte. Die einseitige Zügeleinwirkung behindert den Bewegungsablauf des Pferdes und verursacht Springfehler.
— In schwierigen Situationen fehlt die Festigkeit des Sitzes.
— Die Hüft-, Knie- und Fußgelenke des Reiters werden stärker belastet, was auf Dauer zu Abnutzungserscheinungen führt.

Die Gymnastizierung des Springpferdes.

Auch das junge, zum Springen vorgesehene Pferd braucht eine dressurmäßige Grundausbildung. Dabei ist es unbedingt von Vorteil, wenn dieses alle Stufen des 2. Ausbildungsjahres durchläuft und auch noch im Kontergalopp geritten wird (siehe Tabelle 3). Unerläßlich ist auch das Erlernen des fliegenden Galoppwechsels, natürlich nicht in mehreren Tempi. Bedingung für die korrekte Ausbildung des Springpferdes ist selbstverständlich der klassische Dressursitz des Bereiters im Sinne Guérinières. Ein so gymnastiziertes Springpferd bringt alle Voraussetzungen mit, um durchlässig, wendig, gesetzt und taktrein im Parcours zu gehen, unerläßlich für beständige Erfolge im Springsport.

Nicht genug kann vor der Verwendung des Schlaufzügels in der Grundausbildung des Springpferdes gewarnt werden. Kein geringerer als Steinbrecht (1966) warnt eindringlich vor seiner Benutzung, indem er schreibt: „Im allgemeinen ist vor der Benutzung aller beizäumenden Hilfszügel ohne Ausnahme zu warnen, weil man sich zu leicht selber damit täuscht. Jeder beizäumende Hilfszügel, mag er nun einen Namen haben, welchen er will, wirkt eigentlich nur dann gut, wenn er gar nicht wirkt . . .“

Wenn Reiter meinen, daß Pferde durch Benutzung des Schlaufzügels besser durchs Genick treten, so irren sie. Vielmehr wird das Gegenteil erreicht. Durch Verwendung des Schlaufzügels bekommen Pferde einen falschen Knick, indem der dritte und vierte Halswirbel zum höchsten Punkt des Halses werden. Die Hilfen des Reiters können also gar nicht bis zum Genick des Pferdes durchgehen, wodurch das Pferd viel an Durchlässigkeit verliert. Im Parcours hat dies zur Folge, daß Hilfen nicht mehr durchkommen. Außerdem ist auch ein vorzeitiger Verschleiß des Pferdes vorprogrammiert, bedingt durch Muskelverspannungen im Rücken und in der Hinterhand. Hierdurch sind die Wirbelsäule und die Gelenke der Beine ständig erhöhten Belastungen ausgesetzt.

Eine Unsitte ist es, daß einzelne Reiter ihren Pferden beim Einreiten in den Parcours eine tiefe Hals-Kopfstellung geben, den Kopf mit dem Zügel bis hinter die Senkrechte ziehend. Häufig ist die Folge davon, daß das Pferd dann auch mit tiefem Kopf auf das Hindernis zugaloppiert und sich selbst beim Absprung behindert. Dies sind Überreste eines „Baucherismus", auf dessen negative Folgen für das Pferd schon hingewiesen wurde. Wenn einzelne Anhänger dieser Methode auch Erfolge im Springreiten hatten, so nicht deshalb, weil sie so verfuhren, sondern obwohl sie es taten.

14. Der Sitz im Vielseitigkeitsreiten.

Vielseitigkeit, die Krone des Sportreitens? − Risikominderung unerläßlich − Der Sitz und die Einwirkung des Reiters − Der leichte Sitz im Widerspruch zur Klassik.

Vielseitigkeit, die Krone des Sportreitens?

Das Vielseitigkeitsreiten, auch Military genannt, wird von Eingeweihten gern als die Krone des Sportreitens bezeichnet, umfaßt es doch alle drei Disziplinen, also Dressur, Geländereiten und Springen. Zweifellos stellt es hohe Anforderungen an das Können von Reiter und Pferd und an ihre Vielseitigkeit.

Ein Wettbewerb der schweren Klasse wird über drei Tage ausgetragen, am ersten Tag mit der Dressur, am zweiten Tag mit dem Geländereiten und am dritten Tag mit dem Jagdspringen. Besonders hohe Anforderungen an die Kondition, das Können und den Mut von Reitern und Pferden stellt das Geländereiten, am zweiten Tag des Wettbewerbes. In einer Großen Vielseitigkeitsprüfung der Klasse S besteht das Geländereiten laut LPO (1990) aus folgenden Teilprüfungen:

Phase A: Wegstrecke 4400 - 6600 m lang; Tempo 220 m/Min

Phase B: Rennbahn, ca. 3000 m mit 8 - 10 Rennbahnhindernissen bis 1 m Höhe; Tempo: 690 m/Min

Phase C: Wegstrecke ca. 6600 m lang; Tempo: 220 m/Min

10 Minuten Zwangspause mit Verfassungsprüfung.

Phase D: Querfeldeinstrecke 6000 - 7000 m lang, mit ca. 30 festen Hindernissen, nicht über 1,20 m hoch, Hochweitsprünge nicht über 2 m weit, Weitsprünge nicht über 4 m weit, Tempo: 570 m/Min.

Leider ereignen sich in der Phase D des Geländerittes immer wieder schwere Reitunfälle, zum Teil mit Todesfolgen für Reiter und/oder Pferde. In vielen Wettbewerben scheidet ein hoher Prozentsatz der teilnehmenden Reiter und Pferde aus. Dadurch hat das Ansehen dieser an sich schönen Sportart in der Öffentlichkeit erheblich gelitten, so daß die Bezeichnung „Krone des Sportreitens" nur mit Vorbehalt verwendet werden kann. In jedem Falle sind Veranstalter, Trainer und Reiter aufgefordert, die Ursachen für schwere Unfälle und häufige Ausfälle abzustellen.

Risikominderung unerläßlich.

Die Gesundheit und das Leben von Reitern und Pferden dürfen nicht leichtsinnig aufs Spiel gesetzt werden. Daher ist es eine wirksame Risikominderung in der Querfeldeinstrecke unerläßlich. Dies kann durch mehrere Maßnahmen erreicht werden, als da sind:

1. Begrenzung der Anforderungen auf ein vernünftiges Maß, was Bau und Gestaltung der festen Hindernisse betrifft.
2. Sorgfältige Auswahl der Pferde, ihre solide Ausbildung, eine allmähliche Steigerung der Anforderungen, ein fachgerechtes Training der Pferde und ein ausgereiftes Alter.
3. Hohes Können der Reiterinnen und Reiter. Voraussetzung für die Teilnahme an schweren Prüfungen muß ein absolut unabhängiger Sitz des Reiters sein, sowohl in der Dressur als auch im Gelände. Außerdem ist ausreichende Erfahrung im Geländereiten erforderlich.
4. Zulassung nur solcher Reiter und Pferde, die die unter den Punkten 2 und 3 genannten Anforderungen zweifelsfrei erfüllen.
5. Durchführung einer strengen Verfassungsprüfung vor der Phase D.
6. Konsequentes Herausnehmen von Reitern und Pferden aus dem Wettbewerb, sobald Anzeichen von Erschöpfung bei den Pferden erkennbar sind oder andere Umstände darauf schließen lassen, daß der Teilnehmer den Anforderungen nicht gewachsen ist.
7. Ausschluß von Teilnehmern von weiteren Wettbewerben dieser Klasse, sofern sie nicht über ausreichendes reiterliches Können verfügen oder mit schlecht vorbereiteten oder noch unreifen Pferden am Wettbewerb teilnehmen.

Über die Auswahl geeigneter Pferde, ihre Ausbildung und ihr Training gibt es eine kompetente Fachliteratur (Klimke, 1978; Lucinda Green, 1987; von Opel, 1990; Plewa, 1989).
Einen großen Einfluß auf die erfolgreiche Teilnahme an einem Wettbewerb im Vielseitigkeitsreiten hat ohne Zweifel der

Sitz und die Einwirkung des Reiters.

Dressur: Ein Vielseitigkeitspferd bedarf der korrekten Grundausbildung in der Dressur, die die Arbeit in den Seitengängen einschließt (siehe hierzu Tabelle 3). Der Reiter muß also über einen entsprechend guten, geschmeidigen Dressursitz verfügen. Hierfür gelten die Grundsätze des klassischen Dressursitzes im Sinne Guérinières, also ein Sitz mit aufgerichtetem Oberkörper, getragenem Kopf, zurückgenommenen Schultern und gebogener Nierenpartie. Jegliches Anziehen des Kreuzes zum Zwecke des Eingehens in die Bewegung des Pferdes oder des Treibens hat zu unterbleiben. Die Abbildungen 65 und 66 zeigen Claus Erhorn, Mitglied der Goldmedaillenmannschaft der Vielseitigkeitsreiter von Seoul 1988, im klassischen Dressursitz in einer Military-Dressurprüfung. Vielfach sieht man jedoch Teilnehmer von Vielseitigkeitswettbewerben der Klasse S, die Dressurprüfungen mit angezogenem Kreuz und verspanntem Sitz absolvieren. Diesen Reitern fehlt dann in der Regel auch die Geschmeidigkeit des Sitzes in der Querfeldeinstrecke, so daß sie nicht

Abb. 65 Claus Erhorn im klassischen Dressursitz im Trab auf Justyn Time. Dressurprüfung bei den Internationalen Deutschen Meisterschaften in der Vielseitigkeit, Achselschwang/Obb. 1990.

Abb. 66 Claus Erhorn auf Justyn Time im Galopp im klassischen Sitz im Sinne Guérinières. Achselschwang/Obb. 1990.

qualifiziert genug sind, um an einem schweren Wettbewerb teilzunehmen.

Rennbahnstrecke: Noch bei den Olympischen Spielen 1936 wurde die Rennbahnstrecke im Entlastungssitz geritten. Der Reiter saß also leicht vorgeneigt, auf den Schambeinen und im Spalt, das Körpergewicht mit Oberschenkeln, Knien und Knöcheln abfangend. Heute wird hierzu der leichte Sitz gefordert, wobei der Reiter das Gesäß am Sattel, aber nicht im Sattel halten soll. Die Bügel sind gegenüber dem Dressursitz um 4 – 5 Löcher kürzer zu schnallen (Deutsche Reitlehre, 1980). Die Mehrzahl der Reiterinnen und Reiter sitzt hierbei mit rundem Rücken zu

Pferde. Von Opel (1990) empfiehlt für den leichten Sitz sogar, die Bügellänge um 6 – 10 Löcher gegenüber dem Dressursitz zu verkürzen. Der Reiter solle, wie ein Hindernisjockey, ohne Knieschluß in den Bügeln stehen, mit dem Gesäß über dem Sattel balancierend.

Im Wettkampf folgen jedoch nicht alle Reiterinnen und Reiter diesen Empfehlungen. So galoppierte eine deutsche Reiterin bei den Europameisterschaften der Jungen Reiter in der Vielseitigkeit, die im Herbst 1989 in Achselschwang/Obb. stattfanden, im Entlastungssitz und bot dabei ein sehr harmonisches Bild (siehe Abbildung 67).

Abb. 67 Rennbahngalopp im Entlastungssitz. Alexandra Floetgen auf Hibernia. Europameisterschaften der Jungen Reiter in der Vielseitigkeit, Achselschwang/Obb. 1989.

117

Ein junger Reiter bevorzugte dagegen den leichen Sitz (Abbildung 68).

Für den Fall, daß man auf der Rennbahn die Hindernisse im leichten Sitz anreitet, empfiehlt von Opel (1990), den Oberkörper auch im Sprung in dieser Haltung zu belassen und nur mit den Händen nach vorn mitzugehen. Dies entspricht dem Stil der Hindernisjockeys.

Querfeldeinstrecke: Welchen Sitz soll der Reiter in der Querfeldeinstrecke einnehmen? Vielfach wird heute der leichte Sitz empfohlen, mit relativ kurzen Bügeln. So rät von Opel (1990), die Bügel um 8 Löcher kürzer als im Dressursitz zu schnallen.

Lucinda Green (1987) dagegen legt sich bezüglich der Bügellänge nicht fest, jeder Reiter solle das nach seinem Gefühl tun. Für sie ist der unabhängige Balancesitz die Voraussetzung für gutes Geländereiten. Bereits 100 m vor dem Sprung solle der Reiter das Pferd aufnehmen und vorbereiten. Das Pferd sei mit leichter Zügelverbindung zu reiten, im Sprung müsse ihm genügend Kopf- und Halsfreiheit gegeben werden. Während des Sprunges habe der Reiter mit seinem Oberkörper zwar nach vorwärts mitzugehen, er dürfe aber niemals vor die Bewegung des Pferdes kommen. Sowohl beim Anreiten als auch im Sprung müsse der Reiter sein Pferd stets gut vor sich ha-

Abb. 68 Renngalopp im leichten Sitz. Martin Förster auf Tameloh. Europameisterschaften der Jungen Reiter in der Vielseitigkeit, Achselschwang/Obb. 1989.

ben. Zur Erhöhung der Sicherheit gelte der Grundsatz, während des Sprunges und bei der Landung etwas hinter dem Schwerpunkt des Pferdes zu bleiben.

Nun möchte ich Lucinda Green, die zu den erfolgreichsten und erfahrensten Vielseitigkeitsreitern der Welt gehört, wörtlich zitieren: „Das Pferd nach dem Sprung unter Kontrolle zu haben, ist genauso wichtig wie vor dem Sprung. Ging der Kontakt über dem Sprung verloren, muß man ihn nun blitzartig wiederherstellen und unbedingt sollte man das Pferd loben. Ein paar Klopfer und einige aufmunternde Worte nutzen der Moral von Reiter und Pferd. Abgesehen davon, daß der Kontakt nötig ist, um die Richtung zu weisen, wollen die meisten Pferde im Galopp Kontakt spüren. Es hilft ihnen genauso, sich auszubalancieren, wie es das gut verteilte Reitergewicht tut. Ein gut ausbalanciertes Pferd ermüdet nicht so schnell, die Gefahr einer Muskel- oder Sehnenüberdehnung ist bei weitem nicht so groß und es springt einfach besser."

Bei den Europameisterschaften der Jungen Reiter in der Vielseitigkeit, die im Jahre 1989 in Achselschwang/ Obb. ausgetragen wurden, konnte man in der Querfeldeinstrecke in bezug auf den Sitz erhebliche stilistische Unterschiede beobachten. So ritt Belinda Cubitt aus Großbritannien das Hindernis im leichten Sitz an und setzte sich erst kurz vor dem Absprung in den Sattel (siehe die Abbildungen 69 – 71).
Die deutsche Reiterin Alexandra

Floetgen ritt dagegen im Entlastungssitz (siehe die Abbildungen 72 und 73).
Die Reiterin Pippa Nolan aus Großbritannien befolgte vorbildich den Grundsatz, im Sprung und bei der Landung etwas hinter dem Schwerpunkt des Pferdes zu bleiben (siehe Abbildung 74).

Der leichte Sitz im Galopp birgt die Gefahr in sich, daß der Reiter den Kontakt zu seinem Pferd verliert, den Lucinda Green für so wichtig hält. So erschwert er es dem Reiter, sein Pferd mit korrekten halben Paraden vor dem Hindernis im Tempo zu regulieren, sofern es vorwärts stürmt und außer Kontrolle zu geraten droht. Ein unschönes Riegeln mit den Händen ist dann die Folge, wie dies die Abbildungen 75 und 76 zeigen.

Jagdspringen: Das Jagdspringen am 3. Tag einer Großen Vielseitigkeitsprüfung entspricht dem normalen Parcours-Springen. In bezug auf den Sitz gilt das, was bereits im Kapitel „Der Sitz im Springreiten" gesagt wurde.

Der leichte Sitz im Widerspruch zur Klassik.

Die gegenwärtig in Deutschland herrschende Auffassung über den Sitz auf der Rennbahn und in der Querfeldeinstrecke gibt dem leichten Sitz den Vorzug. Wie bereits dargelegt, werden die Bügel hierbei gegenüber dem Dressursitz erheblich verkürzt, die Empfehlungen variieren zwischen 5 und 10 Löchern. Die Hauptlast des Reitergewichtes liegt in den Bügeln,-

119

Abb. 69 Belinda Cubitt auf Action Réplay aus Großbritannien im leichten Sitz . . .

Abb. 70 . . . in der Querfeldeinstrecke. Europameisterschaften der Jungen Reiter in der Vielseitigkeit, Achselschwang/Obb. 1989.

Abb. 71 Belinda Cubitt gibt kurz vor dem Hindernis den leichten Sitz auf und setzt sich im Entlastungssitz in den Sattel.

Abb. 72 Alexandra Floetgen in der Querfeldeinstrecke im Entlastungssitz auf dem Weg zum nächsten Hindernis . . .

Abb. 73 ... und kurz vor dem Absprung. Europameisterschaften der Jungen Reiter in der Vielseitigkeit, Achselschwang/Obb. 1989.

Abb. 74 Pippa Nolan auf Sir Barnaby aus Großbritannien sitzt richtig, etwas hinter dem Schwerpunkt des Pferdes. Europameisterschaften der Jungen Reiter in der Vielseitigkeit, Achselschwang/ Obb. 1989.

122

Abb. 75 Reiter mit sehr viel Handeinwirkung im leichten Sitz . . .

Abb. 76 . . . um das Pferd im Tempo zu regulieren. Europameisterschaften der Jungen Reiter in der Vielseitigkeit, Achselschwang/Obb. 1989.

der Reiter hat vor allem Kontakt zum Pferd mittels seiner Waden. Das Gesäß liegt über dem Sattel, der Oberkörper wird in der Regel geduckt gehalten, wobei sich Rücken und Schultern runden. Entspricht diese Art zu sitzen den klassischen Grundauffassungen vom Sitz? — Dies muß eindeutig verneint werden.

Die Grundauffassung des klassischen Sitzes legt Wert auf einen gestreckten Oberkörper, der die Wirbelsäule in ihrer natürlichen, doppelt-S-förmigen Krümmung beläßt. Nur so kann die Wirbelsäule ihre Aufgabe erfüllen, die einer gespannten Feder gleichkommt. Dadurch wird der Reitsitz geschmeidig und verhindert Abnutzungserscheinungen an den Wirbelsäulen von Reiter und Pferd. Der

leichte Sitz nimmt der Wirbelsäule des Reiters weitgehend ihre Funktion als Feder und es muß zwangsläufig zu Abnutzungserscheinungen an den Fuß-, Knie- und Hüftgelenken des Reiters und an seiner Wirbelsäule kommen. Die Wirbelsäule des Pferdes wird dabei ebenfalls erheblich in Mitleidenschaft gezogen. Der leichte Sitz des Reiters kann daher für das Pferd nicht rückenentlastend sein. Vielmehr ist das Gegenteil der Fall.

Ich stelle daher die Frage, ob man aus Gründen der Gesundheit von Reiter und Pferd — und auch aus Gründen der Sicherheit für den Reiter — den leichten Sitz nicht wieder aufgeben sollte, um zum Entlastungssitz zurückzukehren?

VI. Mit Guérinière in der Freizeit und im Westernsattel

15. Der Sitz im Freitzeitreiten.

Wer ist ein Freizeitreiter, was ist Freizeitreiten? – Hie Turnierreiten, da Freizeitreiten – Gibt es einen Freizeitreiter-Sitz oder -Stil? – Guérinière weist den Weg – die Synthese von Turnier- und Freizeitreiten.

Wer ist ein Freizeitreiter, was ist Freizeitreiten?

Will man über den Sitz im Freizeitreiten etwas aussagen, muß man sich im klaren sein, wen man ansprechen möchte. Wer also ist ein Freizeitreiter? Birgit Neuhaus (1990) sieht einerseits all diejenigen als Freizeitreiter an, die nicht am herkömmlichen Turniersport teilnehmen. Andererseits schränkt sie den Kreis auf diejenigen Reiter ein, die „keine schwarzen Stiefel, keine helle Reithose, kein weißes Hemd, keine Krawatte, keine weißen Handschuhe, keine schwarze oder rote Reitjacke und meist keine schwarze Reitkappe" tragen. Dieser Einteilung kann ich nicht zustimmen, kenne ich doch eine Reihe von Freizeitreitern, die selber ihre Pferde betreuen oder pflegen, aber im Winter jeden Sonntag Quadrillenreiten nach Musik betreiben. Dabei tragen sie die Reitkleidung, die Birgit Neuhaus auf den Index gesetzt hat. Vielmehr möchte ich in diesem Kapitel alle Reiter ansprechen, die nicht am Turniersport teilnehmen, wobei das Westernreiten im nächsten Kapitel gesondert behandelt wird. Bei der Zugehörigkeit zur Gruppe der Freizeitreiter ist es gleichgültig, ob diese in Reitvereinen organisiert sind oder ihre Pferde auf Reiter- und Bauernhöfen halten oder auf ihrem eigenen Anwesen.

Was die Freizeitreiter in den Reitvereinen betrifft, ist erstaunlich, wie hoch ihr Anteil an der gesamten Mitgliederzahl ist. So gehörten im Jahre 1989 rund 470 000 Mitglieder in 4188 Reitvereinen zu dieser Gruppe, was einem Anteil von 88,8 % entsprach. Lediglich rund 61 000 Mitglieder waren als Turnierreiter registriert (Deutsche Reiterliche Vereinigung, 1989).

Birgit Neuhaus weist darauf hin, daß Freizeitreiter die unterschiedlichsten reiterlichen Voraussetzungen erfüllen, was ihre Ausbildung und ihr Können betrifft. Ebenso mannigfaltig ist das, was Freizeitreiter reiterlich tun. Die Spannweite reicht vom Reiter, der die schwierigsten Lektionen der Hohen Schule zu reiten vermag (Hinrichs, 1989), bis zum jugendlichen Mädchen, das sich auf dem Bauernhof seiner Eltern einen Haflinger hält und mit ihm ausreitet.

Seit dem Jahre 1973 gibt es die „Vereinigung der Freizeitreiter Deutschlands e. V. (VFD)", mit inzwischen ca. 10 000 Mitgliedern. Zweck dieser Vereinigung ist nach § 1 ihrer Satzung, „das Freizeitreiten zu fördern, die Interessen der Freizeitreiter wahrzunehmen und das Kulturgut Pferd zu pflegen. Die Mitglieder sind in besonderer Weise dem Tierschutz und Naturschutz verpflichtet." Die Vereinigung der Freizeitreiter grenzt sich also in bezug auf den Stil und die Art zu reiten nicht ab, sondern erwartet von ihren Mitgliedern eine bestimmte Geisteshaltung.

Die übergroße Mehrheit der Freizeitreiter dürfte vorwiegend im Gelände reiten und nur eine Minderheit — zeitweilig oder überwiegend — Reitbahn oder Reithalle benutzen.

Hie Turnierreiten, da Freizeitreiten.

Ohne Zweifel gibt es eine Abgrenzung zwischen Turnier- und Freizeitreitern, sogar innerhalb eines Reitvereins. Ursache hierfür sind einerseits unterschiedliche Interessen, andererseits auch eine unterschiedliche Mentalität der Menschen. Turnierreiter erkennen mehr oder weniger die offizielle Reitlehre ihres Dachverbandes, der deutschen Reiterlichen Vereinigung, an, Freizeitreiter gehen mehr ihr eigenen Wege. Woran liegt dies? Offensichtlich kommen letztere mit den Auffassungen ihres Dachverbandes nicht zurecht. Dies betrifft nach meiner Auffassung auch die Lehre vom Kreuzanziehen, die seit Jahrzehnten die „offizielle" Ausbildung im Reiten beherrscht. Übernommen von der früheren Militärreiterei und weiterentwickelt von Wilhelm Müseler, ist das Kreuzanziehen das A und O des herkömmlichen Reitunterrichtes. Wer damit nicht zurechtkam, sonderte sich zwangsläufig ab, sofern er nicht mit dem Reiten ganz aufhörte. Manchen Reitern gefiel nicht die rauhe Tonart von Reitlehrern, die aus der Rekrutenausbildung übernommen wurde, aber nicht mehr in die heutige Zeit paßt. Der ungebührliche Ton mancher Reitlehrer war sicher auch dadurch bedingt, daß sie die Notwendigkeit des Kreuzanziehens nicht begründen konnten, ja daß es dafür auch gar keine logische

126

Erklärung gab. So suchte mancher in der Lautstärke seiner Kommandos Zuflucht, um keine Fragen aufkommen zu lassen. Freizeitreiter suchten sich daher nicht selten ihre eigene Reitweise, jeder wie er es für richtig hielt.

Gibt es einen Freizeitreiter-Sitz oder -Stil?

Da es scheinbar keine Alternative zum Kreuzanziehen gab, fanden sich Menschen, die in nobler Absicht Suchenden helfen wollten: Sie erfanden den Freizeitreiter-Stil. So beschreibt Birgit Neuhaus (1990) die von der Hippologin Ursula Bruns und von der Pädagogin Inge Beer entwickelte „leichte Reitweise", die im Freizeitreiten an die Stelle der „offiziellen" Reitweise treten sollte. Die leichte Reitweise entspricht einem Vorwärtssitz mit mittellangen Bügeln, in der Länge zwischen Dressur- und Springsitz. Das Gewicht des Reiters soll von den Oberschenkeln mitgetragen und den Fußgelenken abgefedert werden, eine lange Reitgerte soll das Treiben mit den Schenkeln ersetzen. Ergänzend zu dieser Methode wurde ein behutsames und schrittweises Vertrautmachen des Anfängers mit der Bewegung des Pferdes entwickelt, die uneingeschränkt gutzuheißen ist. So sehr die Bemühungen um die Entwicklung einer leichten Reitweise für den Freizeitreiter auch anzuerkennen sind, einen unabhängigen, geschmeidigen und tiefen Sitz kann man damit nicht erlernen.

Guérinière weist den Weg.

Guérinière zeigt auch dem Freizeitreiter, wie er pferdegerecht sitzen sollte. Dies gilt natürlich auch für das Reiten im Gelände. Der Kern dieses Sitzes ist die doppelt-S-förmig gebogene Wirbelsäule des Reiters, die wie eine Feder wirkt. Die Wirbelsäule nimmt diese ihr von der Natur mitgegebene Stellung ein, wenn Kopf, Hals und Oberkörper zwanglos aufgerichtet, die Schultern leicht zurück- und die Brust leicht vorgewölbt ist. Die Oberkörperaufrichtung verleiht der Wirbelsäule als Feder noch zusätzlich eine gewisse Spannung, wodurch der Sitz eine Stetigkeit erhält. Für den ausbalancierten Sitz ist es außerdem wichtig, daß die Oberarme zwanglos am Oberkörper anliegen, die Unterarme in gerader Linie zum Pferdemaul gerichtet sind. Schließlich sollen sich die Oberschenkel an den Pauschen anschmiegen und die Unterschenkel locker aus dem Knie herabhängen.

Den guten Sitz im Freizeitreiten im Sinne Guérinières zeigt der Reiter auf dem Gemälde der Pferdemalerin Inge Ungewitter am Anfang des Buches und ebenso die Reiterin auf den Abbildungen 77 und 78.

Das Reiten im Gelände erfolgt mit zwei Löcher kürzeren Bügeln gegenüber dem Dressursitz. Im Schritt und Leichttraben hält man den Oberkörper in der Senkrechten. Der Galopp wird in der Regel im Entlastungssitz geritten, wobei der Oberkörper mit gebogener Nierenpartie leicht vor die Senkrechte genommen wird. Das Ge-

Abb. 77 Trab im Freizeitreiten im Guérinière-Sitz. Erika D. Stricker-Bircks auf dem 23 Jahre alten Kobolz (aus Rottaler Stute x Komet [Trakehner]).

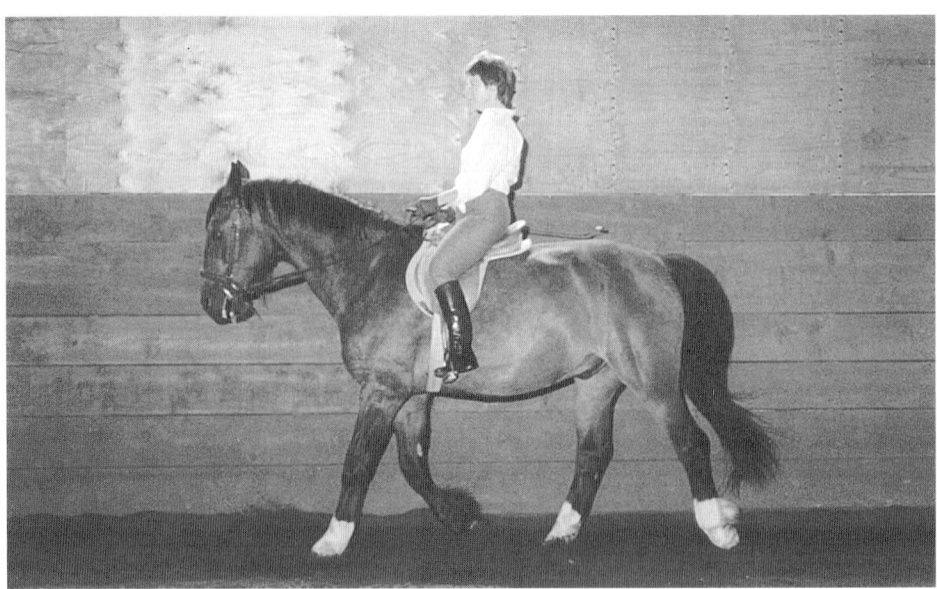

Abb. 78 Erika D. Stricker-Bircks im klassischen Dressursitz im Trab auf dem 25 Jahre alten Gradus (Holst.). Freizeitreiten im Jahre 1989.

wicht des Reiters ruht auf den Scham-bein-Sitzbeinknochen und im Spalt. Die sicher im Bügel ruhenden Beine unterstützen den Sitz. Will der Reiter in unübersichtlichen Situationen die Hinterhand des Pferdes besser unter Kontrolle bekommen, kann er seinen Oberkörper jederzeit in eine senkrechte Stellung zurücknehmen.

Die Hilfengebung ist identisch mit dem, was im Abschnitt „Die Hilfen aus dem Sitz" gesagt wurde. Jeder Freizeitreiter sollte sich bemühen, durch die Vervollkommnung seines Sitzens mit einem Minimum an Zügeleinwirkung auszukommen. Das Pferd wird es ihm durch Zufriedenheit, Zuverlässigkeit und lange Einsatzbereitschaft danken. Freizeitreiter, die mit Stangen oder Hebelgebissen gleich welcher Art ihre Schwächen im Sitz ausgleichen wollen, stumpfen damit ihr Pferd ab und verschleißen es vorzeitig.

Die Ausbildung des Freizeitpferdes kann analog der Ausbildung eines Pferdes bis zum Ende des 2. Ausbildungsjahres erfolgen, wie im Abschnitt: „Die Ausbildung des Reitpferdes, Hilfen und Sitz" dargelegt. Udo Bürger (1982) weist auch auf eine andere Möglichkeit hin, die er die „wahre Methode" nennt. Sie solle sich nicht in der Reitbahn vollziehen, sondern im Gelände. Hierbei sollten Schritt und Galopp bevorzugt werden. Grundlage der Ausbildung des Freizeitpferdes ist in jedem Falle der

geschmeidige Sitz mit gebogener Nierenpartie im Sinne Guérinières.

In der Regel wird ein Freizeitreiter sein Pferd nicht dressurmäßig versammeln. Sofern er in der Lage ist, mit tiefem Sitz schwungvoll vorwärts zu reiten, sein Pferd gerade zu richten und auf gebogenen Linien zu gymnastizieren, wird es den Grad an natürlicher Aufrichtung erreichen, der seiner Gesundheit und Langlebigkeit dienlich ist. Mit dieser Reitweise wird der Freizeitreiter auch die Hinterhand seines Pferdes beherrschen und mit einem Minimum an Zügeleinwirkung auskommen.

Die Synthese von Turnier- und Freizeitreiten.

Könnten sich Turnier- und Freizeitreiter dazu durchringen, die Guérinière'schen Grundsätze über den Sitz anzuerkennen und anzuwenden, sollte es eigentlich keine Gegensätze mehr zwischen ihnen geben. Ob dies jedoch in absehbarer Zeit der Fall sein wird, bleibt abzuwarten.

Ein anerkannter Lehrer von Freizeitreitern erzählte mir unlängst über seine Begegnung mit einem erfahrenen Reitlehrer. Dieser habe anläßlich eines Erfahrungsaustausches über verschiedene Reitweisen gesagt, daß es für ihn nur zwei gebe, nämlich eine gute und eine schlechte. – Dem ist wohl nichts hinzuzufügen.

129

16. Sitz und Hilfengebung im Westernreiten.

Eindrücke von Turnieren im Westernreiten – Über den Sitz im Westernsattel – Über die Hilfengebung im Westernsattel – Hie Westernreiten, da herkömmliches Reiten.

Eindrücke von Turnieren im Westernreiten.

Ein Nicht-Westernreiter will sich über Westernreiten informieren. Was tut er? Er besucht Western-Turniere, so z. B. die Europameisterschaft im Westernreiten, die im Jahre 1989 in München ausgetragen wurde. – Was konnte der kritische Beobachter dort reiterlich sehen? Viel Negatives, Bilder, welche ihm als Pferdefreund Sorgen bereiten mußten. Da saß mancher rauhe Bursche mit rundem Rücken und vorgestreckten Unterschenkeln im Sattel – oder stellte sich im Galopp einfach in die Bügel. Es wurden Stops (Halten aus dem Ga-

Abb. 79 Der Spin (Drehung um 360⁰). Reiter mit vorgestreckten Schenkeln und rundem Rücken. Abreiteplatz vor Westernturnier, München 1991.

lopp) gezeigt, bei denen die Pferde die Mäuler aufrissen, ohne sich elastisch in der Hinterhand zu senken. In rasenden Spins (Drehungen um 360° um die Hinterhand) wurden die Pferde im Kreise herumgerissen, ohne zu wissen, wohin mit den Beinen. Aber plötzlich ritt eine junge Französin in die Olympia-Reithalle, anmutig, elegant und geschmeidig, im klassischen Guérinière-Sitz! So kann man also auch im Westernstil reiten! Da wurde dem Beobachter klar, daß es gutes und schlechtes Reiten im Westernstil gibt, wie im herkömmlichen Reiten auch. Das Interesse am Westernreiten war geweckt, man sah sich weitere Turniere an, der erste Eindruck aber blieb, Licht und

Schatten wechselten sich ab, leider überwog letzterer.

Bei Besuchen von Turnieren im Westernreiten in Deutschland fiel mir auf, daß sich deutsche Westernreiter kaum um einen einheitlichen Reitstil bemühen. Jeder reitet auf seine Weise — ist das die Erfüllung des Traumes von der großen Freiheit? So hatte auch ein junger, nicht unbegabter Reiter seine eigene Auffassung vom Sitz (siehe die Abbildungen 80 und 81).

Aber es gibt auch Reiter, die mit tiefem Sitz und gebogener Nierenpartie im Sinne Guérinières zu Pferde sitzen (siehe Abbildungen 82 und 83).

Abb. 80 Galopp im Westernsattel, Reiter zu weit nach hinten sitzend, das Pferd geht über dem Zügel.

Abb. 81 Stop mit weit vorgestreckten Unterschenkeln, aber gefühlvoller Zügelführung. Abreiteplatz vor Westernturnier, München 1991.

Abb. 82 Sitz mit guter Oberkörperaufrichtung und gebogener Nierenpartie im Sinne Guérinières, also im klassischen Westernstil . . .

132

Abb. 83 ... im verlangsamten Trab (Pleasure-Wettbewerb). Abreiteplatz vor Westernturnier, München 1991.

Was bietet uns die Literatur über das Westernreiten? Erleichtert las ich in einer Zeitschrift für Westernreiten (Western Horse Heft 1/1991) von einem Interview, das eine Journalistin mit dem Amerikaner Richard Shrake geführt hatte, einem der wohl anerkanntesten Trainer und Richter für Westernreiten aus den USA. Richard Shrake hatte ein Westernturnier in Westdeutschland besucht und wurde über seine Eindrücke befragt. Verwundert zeigte er sich, „daß die Zuschauer einige Stops bejubelt haben, bei denen die Pferde mit aufgerissenen Mäulern und weggedrücktem Rücken bremsten". Aber Shrake äußerte sich auch lobend über viele überdurchschnittliche Reiter, die er auf diesem Turnier beobachten konnte. Er lege „viel Wert auf einen balancierten Sitz und einfühlsame Hände und habe viele Reiter mit ruhigen, sanften Händen gesehen".

Hardy Oelke (1990) beklagt, daß es unter den Westernreitern noch zu viele Fantasten gebe, „die meinen, wenn sie einem Pferd einen Westernsattel auflegen, würden sie damit schon westernreiten. Das ist dieselbe Sorte, die dem armen Tier dazu eine Kandare ins Maul hängen, egal ob es ausbildungsmäßig dazu fertig ist oder nicht."

133

Im Mutterland des Westernreitens, den USA, gibt es verschiedene Reitstile. Der Ursprung geht auf die spanischen Eroberer Südamerikas zurück, deren Grundlage das klassische Dressurreiten der damaligen Epoche war: Man saß zu Pferde mit tiefem Sitz und gebogener Nierenpartie. Diese Reitweise übertrug sich auf das Westernreiten und wurde vor allem in Kalifornien gepflegt. Die Cowboys in Texas dagegen entwickelten ihren eigenen Stil, der nichts mit dem ursprünglichen klassischen, europäischen Reiten zu tun hatte. Eine weitere Richtung des Westernreitens hat von beiden Schulen etwas übernommen, und schließlich haben noch die weit verbreiteten Horse Shows in den USA ihren Einfluß auf das Westernreiten ausgeübt, vor allem, was das „Reining" betrifft. Kennzeichnend für das Westernreiten in Deutschland ist laut Oelke, daß es keinen allgemein anerkannten und gültigen Stil im Westernreiten gibt. Jeder Trainer vermittele seine eigenen, speziellen Auffassungen an seine Schüler, was manches erklären würde.

Über den Sitz im Westernsattel.

Wie soll man im Westernsattel zu Pferde sitzen, soll man eine bestimmte Körperhaltung einnehmen? Nach Oelke solle der Reiter zwar entspannt und losgelassen zu Pferde sitzen, aber wie, sei eigentlich nebensächlich, solange das „Pferd Leistung bringe." Allerdings erfordere die angestrebte Harmonie mit dem Pferde, so Oelke, eine bestimmte „Grundposition des Sitzes", von der

man sich nicht weit entfernen dürfe. Wie diese Grundposition aussehe, wird nicht verraten, da man nichts „festschreiben" solle. Alles ist im Fluß.

Dagegen gibt es in den USA eine in Regeln schriftlich festgelegte Auffassung über das Westernreiten, zumindest was die „Equitation" betrifft, also die Reiterprüfung. Diese Vorschriften sind in den Regelbüchern zweier bedeutender US-amerikanischer Vereinigungen (abgekürzt AHSA und AQHA genannt) schriftlich niedergelegt. Hierauf beziehen sich die beiden Autorinnen Pat Close und Mona Bets in ihrem hervorragenden Buch „Ausbildung von Pferd und Reiter für das Western-Turnier" (1986). Dabei wird dem Sitz des Reiters eine vorrangige Bedeutung beigemessen. Je besser der Reiter sitze, umso besser könne er über sich und sein Pferd die Kontrolle bewahren. Es wird ein „tiefer Sitz in der Balance" gefordert. Über den Sitz äußern sich die beiden Autorinnen wie folgt: „Sitzt der Reiter entspannt, im Rücken gerade oder leicht konkav, so hilft das dem Reiter, genau im Schwerpunkt zu sitzen, im Spalt, anstatt auf dem Gesäß oder dem Steiß. Da sehen wir oft Fehler. Viele Westernreiter sitzen im Sattel wie in einem Sessel, sie sitzen auf dem Gesäß, mit rundem Rücken und die Füße nach vorn gestreckt. Geht das Pferd im Trab oder Galopp, stoßen sie immer an das cantle (die Sitzlehne des Westernsattels) und stützen sich dort ab. Erstens sieht das schlecht aus, zweitens befindet sich der Reiter nicht in der besten Balance

134

mit dem Pferd." Und weiter heißt es: „Sitzt der Reiter im Spalt, befindet er sich in der Balance mit dem Pferd, es erlaubt ihm größere Flexibilität in der Hüfte und des Rückens sowie besseren Schenkeldruck."

Im Unterschied zum klassischen Sitz im Sinne Guérinières soll also der Reiter im Westernsattel vornehmlich im Spalt und nicht auch auf den Sitzbeinknochen sitzen. Demzufolge muß er einen Teil seines Körpergewichtes mit den Knien und Knöcheln abfangen und in die Steigbügel verlagern. In bezug auf die Haltung von Kopf, Hals, Schultern, Oberkörper, Ober- und Unterarmen sowie Ober- und Unterschenkeln besteht kein Unterschied zum klassischen Dressursitz. Ganz entscheidend ist, daß auch im Westernsattel die Lendenwirbelsäule eine konkav gebogene Stellung haben soll, der Reiter also mit gebogener Nierenpartie zu Pferde sitzt. Dies zeigen die zahlreichen Fotos über den Sitz im Buch von Pat Close und Mona Bets eindeutig. Gutes Westernreiten besteht also darin, in allen Gangarten stets so zu Pferde zu sitzen. Dies ist nicht Selbstzweck, um ein gutes Bild abzugeben, sondern liegt im Interesse des Pferdes. Nur mit einem tiefen Sitz bei gebogener Nierenpartie kann der Reiter sein Pferd geschmeidig und mit sanften Händen dirigieren. Allerdings wird darauf hingewiesen, daß das Cutting, also das Treiben der Kälber vom Sattel aus, einen anderen Sitz und auch einen anderen Sattel erfordere. Hier müsse sich der Reiter aus Sicherheitsgründen in den nach vorne hängenden Bügeln nach hinten abstützen.

Über die Hilfengebung im Westernsattel.

Im guten Westernreiten wird dem Schwung aus der Hinterhand, durch den treibenden Schenkel bewirkt, große Bedeutung beigemessen. Ebenso sollen die Pferde in der Ausbildung auf gebogenen Linien in der Längsbiegung geritten werden. Die Gewichtsverlagerung erfolgt in Richtung der Innenstellung. Allerdings weist Oelke (1990) darauf hin, daß im Spin einige Reiter mit Erfolg dazu übergegangen seien, ihr Gewicht nach außen zu verlagern. Dies erscheint insofern nicht unlogisch, als das innere Hinterbein des Pferdes bei der rasend schnellen 360°-Umdrehung ohnehin sehr stark belastet wird.

Die Reiterhand soll nie starr und unbeweglich sein, sondern aus dem Handgelenk leicht annehmen und nachgeben, nicht zu erkennen für den Beschauer. Das Pferd soll aus der Hinterhand an das Gebiß herantreten und sich an ihm abstoßen, ohne daß am Zügel gezogen wird. Oelke betont, daß es große Mißverständnisse bezüglich der Zügelhilfen gebe. Der ungeübte Reiter solle zwar zunächst mit durchhängenden Zügeln reiten, um das Pferd nicht ständig im Maul zu stören, der fortgeschrittene Reiter habe jedoch die Zügelverbindung zum Pferdemaul herzustellen, wobei der Zügel wegen seines Gewichtes allerdings nicht stramm gehalten werden brauche, er erzeuge von sich aus einen Druck auf das Gebiß.

Die Führung der Zügel erfolgt entweder mit beiden Händen oder mit einer

Hand. Die zügelführende Hand wird über oder vor dem Sattelhorn gehalten, die zügelfreie Hand nahe des Gürtels des Reiters.

Die im Westernreiten verwendeten Gebisse unterscheiden sich wesentlich von denen des herkömmlichen Reitens. Für das Ausbilden junger Pferde wird das „Western-Snaffle" empfohlen, eine mit Hebeln versehene gebrochene Wassertrense (Close und Betts, 1986). Der Kinnriemen soll aus Leder oder Perlon sein, eine Kinnkette wird abgelehnt. Als Nasenband soll ein englisches Reithalfter verwendet werden, das im Verlaufe der Ausbildung wieder weggelassen werden kann. Hat das junge Pferd dieses Gebiß angenommen und gelernt, im Genick bei schwingendem Rücken nachzugeben, wird schon sehr bald eine Kandare mit Zungenfreiheit aufgelegt. Die Gebisse sollen aber immer wieder gewechselt werden, um das Perd im Maul nicht abzustumpfen.

Die Hilfengebung zu den verschiedenen Übungen unterscheidet sich vielfach vom herkömmlichen Reiten. So wird zwar eine halbe Parade durch leichte Schenkeleinwirkung und leichtes Annehmen des Zügels gegeben, aber verbunden mit dem Wort „Whoa". Dieses Kommando ersetzt dann weitgehend die Hilfengebung. Die Hilfen zum Angaloppieren werden mit dem äußeren Schenkel bei Gewichtsverlagerung nach außen gegeben, also Linksgalopp mit rechtem Schenkel und Gewichtsverlagerung nach rechts, wobei das junge Pferd in der Lernphase auch nach rechts ge-

stellt werden soll, bei nachgebendem linken Zügel.

Die Vorhandwendung ist in der Hilfengebung identisch mit dem herkömmlichen Reiten, ebenso das Schenkelweichen, wobei das Pferd aber um 90° seitwärts tritt und nicht um 45° schräg zur Bewegungsrichtung steht. Beim Stop, das in seiner korrekten Ausführung viel reiterliches Können und Gefühl verlangt, richtet sich der Reiter im Oberkörper gut auf, legt sein Gewicht in den Sattel und die Bügel — ohne die Unterschenkel vorzustrecken — und nimmt den Zügel leicht an. Das Pferd soll sich dabei tief in der Hinterhand senken. Die Stops aus hohem Tempo sollen nicht auf hartem oder tiefem, weichen Boden ausgeführt werden, auch nicht auf Grasboden. Geeignet ist ein nicht zu tiefer Sandboden.

Bei der Hinterhandwendung unterscheidet man ein Pivot (Wendung um 90° oder 180°) vom Spin (Wendung um 360°), letzteres wird in hohem Tempo ausgeführt. Im Gegensatz zum herkömmlichen Reiten soll sich das Pferd auf dem inneren Hinterfuß nur drehen, die Drehbewegung kommt aus der Vorhand. Dabei soll sich das Pferd in der Hinterhand senken und in der Vorhand aufrichten.

Das Rückwärtsrichten soll nie durch ein Ziehen am Zügel erreicht werden. Zunächst wird dies mit dem jungen Pferd vom Boden ausgeführt, wobei es mit einem Druck der Hand gegen die Brust des Pferdes und dem Kommando „back" zurückgerichtet wird. Vom Sattel aus wird das Pferd mittels der Schenkel bei aushaltenden Zügeln zurückgerichtet, wieder mit Unterstützung des Kommandos „back". Später soll das Pferd dann nur noch auf Stimme rückwärtstreten, bei ganz geringer Hilfengebung.

Endziel der Ausbildung des Westernpferdes ist die Versammlung, die als sehr wichtig angesehen wird. Hierzu soll das Pferd mit den Schenkeln aus der Hinterhand ans Gebiß herangeritten werden und im Genick nachgeben. Die Hinterhand soll dann vermehrt Last aufnehmen.

Hie Westernreiten, da herkömmliches Reiten.

Gutes Reiten ist bei beiden Reitweisen nur mit tiefem, geschmeidigem Sitz bei gebogener Nierenpartie möglich. Insofern besteht eine völlige Übereinstimmung. Sitzt der Reiter im herkömmlichen Stil auf den Schambein- und Sitzbeinästen des Beckens und im Spalt, ohne die Bügel mit seinem Gewicht zu belasten, so sitzt der Westernreiter vermehrt im Spalt und stützt ein Teil seines Gewichtes in den Bügeln ab. Demzufolge dürfte das im klassischen Sitz dressurmäßig korrekt ausgebildete Pferd in der Versammlung eine stärkere Hankenbiegung zeigen als das Westernpferd.

Im Westernreiten werden wesentlich schärfere Gebisse verwendet als im herkömmlichen Reiten, demzufolge muß die Hand des Westernreiters sehr gefühlvoll sein. Bedenklich wäre es, wenn Anfänger im Reiten schon scharfe Gebisse in die Hand bekämen.

Eine Übereinstimmung beider Reitweisen besteht darin, daß das Pferd schwungvoll aus der Hinterhand treten soll.

Der Sitz mit gerade gestellter Lendenwirbelsäule führt nicht nur zur Verspannung des Reiters, sondern ist – wie schon ausgeführt – gesundheitsschädlich für Reiter und Pferd. Die Tatsache, daß das Anziehen des Kreuzes in der herkömmlichen Reitweise als das A und O des Sitzes bezeichnet wird, ist möglicherweise einer der Gründe, daß etliche Reiterinnen und Reiter zum Westernreiten übergewechselt sind.

Sitzt ein Reiter im Sinne Guérinières mit aufgerichtetem Oberkörper und gebogener Nierenpartie zu Pferde und ist er in der Lage, sich mit gut übereinstimmenden Gewichts-, Schenkel- und Zügelhilfen verständlich zu machen, so kann er sich in beiden Reitweisen sehen lassen.

Eine andere Frage ist, wie lange ein Pferd Sliding Stops und Spins gesundheitlich aushält? Hierzu vertritt Bob Loomis, ein sehr anerkannter Reining Horse Trainer in den USA die Auffassung, daß das Pferd für diese Art des Reitens keinen langen Rücken und keine langen Röhren haben dürfe. Dann nehme es bei korrektem Reiten auch keinen Schaden. Der günstigste Körperbau eines Pferdes für das Reining entspräche dem Trapez, wobei Schulter, Rücken und Hüfte (gemeint ist wohl das Becken, der Verf.) die gleiche Länge haben sollten, die Unterlinie des Pferdes aber doppelt so lang sein sollte. Ein so gebautes Pferd sei perfekt ausbalanciert (Western Horse, 1991).

Wenn Westernreiter und Reiter des herkömmlichen Stiles ihre Pferde sachgemäß ausbilden, vorsichtig aufbauen und schonend beanspruchen, haben sie sicher allen Grund, sich gegenseitig zu achten und die Reitweise des anderen als gleichberechtigt zu respektieren.

VII. Jung bleiben im Sattel

17. Fit im Sitz.

Mit gesundem Rücken fit im Sattel –
Die Gymnastizierung des Reiters –
Fit im Sattel durch richtige Ernährung.

Mit gesundem Rücken fit im Sattel.

Jeder dritte Deutsche soll unter Rükkenbeschwerden leiden. Sicherlich gehören auch manche Reitersleut hierzu. Die Ursachen für chronische Rückenschmerzen können mannigfaltig sein. Daß eine falsche Körperhaltung hieran Schuld sein kann, wurde bereits im Kapitel 5, „Die moderne Rückenschule in der Orthopädie: Das Kreuzanziehen schädigt die Wirbelsäule", aufgezeigt. Weitgehend unbekannt ist, daß der ständige starke Konsum von Genußmitteln, zu denen Nikotin, Coffein, Teein und

Alkohol gehören, zu Schmerzen im Wirbelsäulenbereich führen können. Diese Stoffe sind Nervengifte, gegen deren ungünstige Wirkung es nur ein Mittel gibt: Weniger konsumieren oder ganz weglassen.

Zum Glück hat der Reiter selber die Möglichkeit, seine Rückenschmerzen zu bekämpfen, sein Pferd kann ihm dabei wertvolle Hilfe leisten. Es gibt keinen besseren Masseur als ein losgelassen gehendes Pferd. Allerdings muß der Reiter das Kreuzanziehen vergessen und mit gebogener Nierenpartie geschmeidig und tief im Sattel sitzen. Ständiges gutes Reiten kräftigt die Rückenmuskeln, Sehnen und Bänder, wodurch die Wirbel in die richtige Position gebracht werden. Angegriffene Bandscheiben können dann kein Unheil anrichten.

Die Gymnastizierung des Reiters.

Der Reiter sollte nicht nur an die Gymnastizierung seines Pferdes denken, sondern auch an seine eigene. Regelmäßige, richtige Gymnastik verbessert die Oberkörperaufrichtung sowie Gelenkigkeit und Geschmeidigkeit. Dankenswerterweise hat die Deutsche Reiterliche Vereinigung das Buch „Gymnastik für Reiter" herausgegeben, verfaßt von Claus Chmiel, in welchem der Leser wertvolle Hinweise findet. Sie sollen der Kräftigung und Dehnung der Muskeln, der Dehnung der Bänder, der Stärkung der Gelenke und der Beseitigung von Muskelverspannungen dienen. Welcher Reiter macht schon vor einem Ritt Dehnungs- und Lockerungsübungen? Ein Training oder Wettkampf in anderen Sportarten wäre ohne eine vorherige Lockerungsgymnastik undenkbar!

Daß die Forderung nach einer gymnastischen Betätigung des Reiters so falsch nicht ist, belegen sportmedizinische Untersuchungen an der Bundeswehr-Sportschule in Warendorf (Krugmann-Randolf, 1991). So machte Professor G. Simon als Ergebnis seiner Untersuchungen die folgende Aussage: „Ein häufig auffälliger Befund bei der Untersuchung von Reitern — selbst in jungem Alter — ist die schlechte allgemeine Beweglichkeit, meist verbunden mit einer nur mäßigen allgemeinen athletischen und motorischen Ausbildung. Herabgesetzt ist besonders häufig die Beweglichkeit der Wirbelsäule, der Schultergelenke und der Hüftgelenke." — Ein niederschmettern-

des Urteil — sollte es das Ergebnis der verspannenden Kreuzanzieherei sein?

Fit im Sattel durch richtige Ernährung.

Jeder gute Pferdehalter weiß, welche Nähr- und Futterstoffe die ihm anvertrauten Tiere brauchen. Die Tierernährungslehre hat die Ansprüche des Pferdes an seine Ernährung in Abhängigkeit von Alter, Wachstum, Trächtigkeit oder Leistung eingehend erforscht. Was aber wissen Pferdeleute über ihre eigene Ernährung? Die Mehrzahl wird sich mit der sogenannten gesunden Mischkost begnügen, die nach Gutdünken zusammengestellt wird. Für denjenigen, der bis ins hohe Alter fit im Sattel bleiben möchte, genügt dies aber nicht. Hier müßte man sich schon eingehender informieren. Dabei genügt es nicht, sich nur mit den Kalorien zu befassen, um möglichen Gewichtsproblemen zu begegnen. Vielmehr sollte man schon wissen, wie man eine Überversorgung mit tierischem Eiweiß und mit Fetten vermeiden kann. Wie kann der Mensch die ausreichende Versorgung mit allen lebenswichtigen Vitaminen, insbesondere den Vitaminen A, C und der B-Gruppe sicherstellen? Oder wie sieht es mit der Eisenversorgung aus bei denjenigen, die unter zu niedrigem Blutdruck leiden, und wer weiß, daß schwarzer Tee die Eisenaufnahme im Körper blockiert? Wie steht es mit der Salzzufuhr bei Menschen mit hohem Blutdruck, wo der deutsche Bundesbürger im Durch-

140

schnitt dreimal so viel Salz zu sich nimmt, wie er eigentlich sollte?

Ohne ein stabiles Knochengerüst kann man nicht reiten. Die Knochenentkalkung aber ist heute eine weit verbreitete Zivilisationskrankheit, in der Medizin Osteoporose genannt. Sie wird u. a. duch eine ständige Unterversorgung mit Calcium hervorgerufen, die oft schon in der Jugend beginnt und hier besonders gefährlich ist. Milch und Milchprodukte sind die Hauptversorgungsquelle für Calcium. Die geforderte tägliche Calciumzufuhr von 0,8 g für einen normalen Erwachsenen ist gewährleistet, wenn er täglich 0,25 l Magermilch, 100 g Joghurt, 100 g Magerquark und 60 g Hartkäse verzehrt. Dabei ist zu bedenken, daß es unter den Nahrungsmitteln sogenannte Calciumräuber gibt, die die Calciumaufnahme im Darm beeinträchtigen oder blockieren. Zu ihnen gehört Phosphor (im Fleisch und in Softdrinks enthalten), Kochsalz, Alkohol, Nikotin, Coffein, zuviel Vitamin A (in der tierischen Leber enthalten), gehören Oxalate (in Rhabarber, Spargel, Spinat und Roten Beeten enthalten) sowie Phytate (in Getreideschrotmehlen und in Kleie enthalten). Daraus ist zu folgern, daß der Mensch möglichst noch etwas mehr als 0,8 g Calcium täglich zu sich nehmen sollte. Es wäre also nicht schlecht, wenn es auf einem Reiterhof neben dem Bierstüberl auch eine Milchbar gäbe.

Der heute lebende deutsche Bundesbürger kann sich bei normalem Einkommen mit allen lebensnotwendigen Nährstoffen versorgen, wenn er sich bewußt ernährt. Die zur Verfügung stehenden Nahrungsmittel lassen sich in die folgenden sieben Gruppen einteilen:

1. Brot, Teigwaren, Nährmittel.
2. Kartoffeln und Gemüse, letztere gekocht oder roh als Salat.
3. Obst.
4. Milch und Milchprodukte.
5. Fette und Öle.
6. Fleisch, Fisch und Eier.
7. Extras (Zucker, Honig, Schokolade etc.).

Die beiden ersten Gruppen zählen zu den Grundnahrungsmitteln. Sie enthalten lebenswichtige Nähr- und Mineralstoffe sowie Vitamine und versorgen den Menschen mit der notwendigen Energie, die in Kalorien gemessen wird.

Obst ist ein wichtiger Vitamin- und Mineralstoffträger.
Milch und Milchprodukte versorgen den Körper bei täglichem Verzehr mit lebensnotwendigem tierischen Eiweiß, mit Mineralstoffen, dem so wichtigen Calcium und mit verschiedenen Vitaminen.
Fette und Öle sollten nur eingeschränkt verzehrt werden, da sie einen hohen Brennwert haben, also sehr kalorienreich sind.
Fleisch, Fisch und Eier müßten nicht verzehrt werden, wenn sich der Mensch über Milch und Milchprodukte entsprechend ernährte. Da die Mehrzahl der Menschen aber Fleisch-, Fisch- und Eieresser sind, stehen sie vor dem Problem der

141

Überversorgung mit tierischem Eiweiß, wenn sie auch noch Milchprodukte zu sich nehmen, um sich ausreichend mit Calcium zu versorgen.

Extras versüßen zwar das Leben, wer aber zu sehr sündigt, muß es irgendwann einmal büßen.

Wer bis ins hohe Alter fit im Sattel bleiben möchte, täte gut daran, die hier gegebenen Hinweise zum Anlaß zu nehmen, sich eingehender zu informieren (siehe im Literaturverzeichnis: Elmadfa und andere, 1989 und 1990). Je früher dies ein Reiter tut, umso besser für ihn und sein Pferd.

142

Zusammenfassung und Ausblick

Zum Abschluß dieses Buches möchte ich nochmals seine wichtigsten Aussagen herausstellen:

Der auf die Lehre von François Robichon de la Guérinière zurückgehende Sitz im Dressurreiten, dessen Grundlage der aufgerichtete Oberkörper und die gebogene Nierenpartie ist, muß als der allein richtige angesehen werden. Er wird dem Pferd gerecht und ermöglicht es dem Reiter, bis ins hohe Alter im Sattel zu sitzen. Unser heutiges Wissen über die Anatomie des Pferdes und des Reiters und die Aussagen der modernen Orthopädie bestätigen dies. Eine Abweichung von dieser Lehre, wozu die weit verbreitete These vom Anziehen des Kreuzes zuzurechnen ist, muß als falsch bezeichnet werden, besteht doch die Gefahr einer nachhaltigen Schädigung der Wirbelsäule von Mensch und Tier.

Die Guérinière'sche Lehre vom Sitz wird mit Recht als die klassische bezeichnet, sie hat in ihren Grundzügen auch für alle anderen Sparten des Reitsportes und für andere Reitweisen Gültigkeit. Sie gewinnt noch dadurch an Bedeutung, daß nur aus diesem Sitz heraus eine dem Pferd gerecht werdende Hilfengebung möglich ist. Die sachgerechte Ausbildung und Gymnastizierung des Pferdes hängt aufs engste mit diesem Sitz zusammen. Alois Podhajsky hat in seinem Buch „Reiten und Richten" (1973) eine Aussage gemacht, die jedem Reiter zu denken geben sollte: „Der Versuch, die Lehren eines Guérinière oder eines der anderen berühmten alten Meister durch neue, als modern bezeichnete Methoden zu ersetzen, erscheint auf dem Gebiet der Dressurausbildung eine Vermessenheit."

Die leider weithin übliche Anwendung beizäumender Hilfsmittel, der rüde Einsatz des Zügels und der oft zu beklagende vorzeitige Verschleiß junger Pferde sind eine Fehlentwicklung, der mit aller Entschiedenheit entgegen zu treten ist.

Möge die jetzige und kommende Generation die in diesem Buch in Erinnerung gerufenen Grundsätze wirklich klassischen Reitens aufnehmen und anwenden, unabhängig davon, für welche Reitweise sie sich entscheidet und für welche Sparte des Reitsportes sie sich begeistert. Nur dann wird es eine faire Partnerschaft des Menschen mit dem Pferd geben, die uns allen am Herzen liegen sollte.

Literaturverzeichnis

Albrecht, K., 1990 a: Meilensteine auf dem Weg zur hohen Schule. Verlag Georg Olms, Hildesheim, 2. Auflage

Albrecht, K., 1990 b: Persönliche Mitteilung

Aubert, P. A., 1836: Traité raisonné d'équitation d'après les principes de l'école française, zitiert bei C. Gräfe, 1861

Aure, Comte d', 1852: Cours d'équitation, zitiert bei C. Gräfe, 1861

Balme, Mottin de la, 1773: Essais sur l'équitation, ou Principes raisonnés sur l'Art de monter et de dresser les chevaux, zitiert bei C. Gräfe, 1861

Baucher, F., 1884: Methode der Reitkunst nach neuen Grundsätzen, übersetzt von Carl von Kopal, 1884, Olmspresse Hildesheim − New York, 1978

Bürger, U. u. O. Zietschmann, 1939: Der Reiter formt das Pferd. Verlag M. u. H. Schaper, Hannover

Bürger, U., 1982: Vollendete Reitkunst, Verlag Paul Parey, Berlin u. Hamburg, 5. Auflage

Chabannes, Marquis Ducroc de, 1827: Cours élémentaire et analytique d'équitation ou résumé de principes de M. d'Auvergne, suivi de questions et d'observations: relatives aux haras, zitiert bei C. Gräfe, 1861

Clam, Du Paty de, 1769: Pratique de l'équitation, ou l'art de l'équitation réduit des principes, zitiert bei C. Gräfe, 1861

Clos, P. u. M. Betts, 1986: Ausbildung von Pferd und Reiter für das Western Turnier. Siegmund Verlag, 2151 Moisburg

Chmiel, C.: Gymnastik für Reiter. FN Verlag Warendorf

Cordier, 1824: Traité raisonné d'équitation avec l'ordonnance de cavalerie, d'après les principes mis en pratique a l'école royale d'application de cavalerie.

Croix, O. de la, 1913: Natürliche Reitkunst, 4. Auflage. Olms Presse Hildesheim, Zürich New York, 1989

Dauphin, F. W.: Prospekte über die Herstellung von Bürostühlen

Deutsche Reiterliche Vereinigung, 1980: Deutsche Reitlehre. FN Verlag Warendorf

Deutsche Reiterliche Vereinigung, 1989: Jahresbericht

Dreyhausen, G. von, 1951: Grundzüge der Reitkunst, 3. Auflage. Olms Presse Hildesheim, Zürich, New York, 1983

Elmadfa, I. u. andere, 1989: Die große GU Nährwerttabelle. Verlag Gräfe und Unzer

Elmadfa, I. u. andere, 1990: GU Kompaß Nährwerte. Verlag Gräfe und Unzer.

Equitana, 1991: „Mehr Schutz für die jungen Pferde." Bericht über eine Podiumsdiskussion, Ausgabe 18./19. April, Seite 14

Garsault, F. A. de, 1730: Le nouveau parfait Maréchal, ou la Connoissance, générale et universelle du Cheval, divisé en sept traités, zitiert bei C. Gräfe, 1861

Gräfe, C., 1861: Die Haltung und der Sitz des Reiters. Ein Beitrag zur Geschichte der Reitkunst, 2. Auflage. Olms Presse Hildesheim — Zürich, New York, 1991

Green, L., 1987: Buschreiten, L. B. Ahnert-Verlag, 6360 Friedberg/H. 3

Guérinière, F. R. de La: Die Reitschule, 1733. Verlag Fr. H. Stratmann, Daudenzell

Guérinière, F. R. de La: Reitkunst, 1817. Georg Olms AG, 1989

L'Hotte, A., 1895: Reitfragen (Questions Equestres). Olms Presse Hildesheim, New York, 1977

Hinrichs, R., 1989: Tänzer an leichter Hand. — Reiten mit unsichtbaren Hilfen. Verlag Wilhelm Schröer & Co., 3016 Seelze 1-Hannover

Josipovich, S. von, 1928: Unsere Bilder und die Reitkunst in ihrem Zusammenhang mit der praktischen Reiterei. In: Maler Ludwig Koch: Die Reitkunst im Bilde. Fachbuchhandlung Dr. Rudolf Georgi, Aachen

Koch, L., 1928: Die Reitkunst im Bilde. Fachbuchhandlung Dr. Rudolf Georgi, A. Boursaux Nachfolger, Aachen

Klimke, R., 1978: Military. Geschichte — Training — Wettkampf. Franckh'sche Verlagsbuchhandlung, 2. Auflage

Klimke, R., 1986: Schlaufzügel — ja oder nein. Ein Diskussionsbeitrag. reiten und fahren, S. 21

Köhler, H. J., 1986: Materialprüfungen überdenken — Neue Wege für den Nachwuchs. reiten St. Georg, S. 60–63

Krugmann-Randolf, Inga, 1991: Reiten ist besser als gar nichts. reiten St. Georg, H. 7, S. 60–62

Lamotte, P. E. de, 1853: Etudes basées sur l'anatomie et la physiologie pour servir à l'élève et au dressage des chevaux de selle, zitiert bei C. Gräfe, 1861

Lippert, H., 1989: Anatomie, 5. Auflage. Verlag Urban und Schwarzenberg, München — Wien — Baltimore.

LPO, 1990: Leistungs-Prüfungs-Ordnung. FN-Verlag, Warendorf

Menzendorf, W., 1988: Reitsport. Verlag Paul Parey, Berlin und Hamburg

Meyer, H., 1988: Reiten und Ausbilden. Olms Presse, Hildesheim, Zürich, New York

Morris, G. H., 1984: Springreiten im vollendeten Stil. Albert Müller Verlag, Rüschlikon — Zürich, Stuttgart, Wien

Müseler, W., 1957: Reitlehre, 34. Auflage. Verlag Paul Parey, Berlin u. Hamburg

Müseler, W., 1981: Reitlehre, 44. Auflage. Verlag Paul Parey, Berlin u. Hamburg

N. N., 1989: LE CADRE NOIR - SAUMUR. Les AMIS du CADRE NOIR, 6, rue de l'Ancienne Messagerie, 49400 Saumur — Frankreich

N. N., 1979: Richtlinien für Reiten und Fahren. FN-Verlag Warendorf, zitiert bei A. Stecken, 1985

Neuhaus, B., 1990: Das Freizeit-Pferd. Der Freizeit-Reiter. BLV Verlagsgesellschaft München, Wien, Zürich

Oelke, H., 1990: Western Training. Verlag U. Kierdorf, 5572 Wipperfürth

Opel, H. von, 1990: Military. Rowohlt-Verlag, Reinbeck bei Hamburg

Plewa, M., 1989: Das Training von Vielseitigkeitspferden. Reiter Revue international, Hefte 4, 7 und 8

Podhajsky, A., 1965: Die klassische Reitkunst, 2. Auflage. Nymphenburger Verlagsanstalt München, zitiert bei A. Stecken, 1985

Podhajsky, A., 1968: Kleine Reitlehre. Nymphenburger Verlagsanstalt, München

Podhajsky, A., 1973: Reiten & Richten. Nymphenburger Verlagshandlung, München

Rau, G., 1937: Die Reitkunst der Welt an den Olympischen Spielen 1936. Verlag St. Georg, Berlin

Redwitz, Frhr. von, 1920: Die deutsche Reitvorschrift 1912 im Lichte der Reitkunst, viertes Heft, der Gehorsam des Pferdes, zitiert bei A. Stecken, 1985

Reinhardt, B., 1989: Gesunder Rücken — besser leben. perimed Verlag Erlangen.

Ridinger, J. E., 1760: Vorstellung und Beschreibung derer Schul- und Campagne-Pferden nach ihren Lectionen. Bussische Verlagsbuchhandlung, 1984

Schusdziarra, H. und V., 1978: Gymnasium des Reiters, Verlag Paul Parey, Berlin und Hamburg

Schusdziarra, H. und V., 1986: Reitergespräche. Der Weg zum unabhängigen Sitz. Verlag Paul Parey, Berlin und Hamburg

Seunig, W., 1967: Von der Koppel bis zur Kapriole, 4. Auflage. Verlag Fretz u. Wasmuth AG, Zürich

Seunig, W., 1973: Von der Koppel bis zur Kapriole, 5. Auflage, zitiert bei A. Stecken, 1985

Seunig, W., 1981: Meister der Reitkunst und ihre Wege, 2. Auflage. Verlag Paul Parey, Berlin und Hamburg

Solinski, S. G., 1983: Reiter, Reiten, Reiterei. Olms Presse, Hildesheim, Zürich, New York

Stackelberg, Frhr. von, 1983: Reiten, Ausbilden, Richten. Verlag Paul Parey, Berlin und Hamburg, zitiert bei A. Stecken, 1985

Stecken, A., 1985: Schlaufzügel — ja oder nein? reiten und fahren, H. 6, S. 20–22

Steinbrecht, G., 1966: Gymnasium des Pferdes, 5. Auflage. Verlag Dr. R. Georgi, Aachen

Stensbeck, O. M., 1935: Reiten, eine Anleitung es zu lernen und selbst ein Pferd bis zur Vollendung auszubilden, 2. Auflage. Olms Presse Hildesheim, 1983

Wätjen, R., 1966: Das Dressurreiten, 6. Auflage. Verlag Paul Parey, Berlin u. Hamburg

Wätjen, R., 1978: Das Dressurreiten, 8. Auflage, zitiert bei A. Stecken, 1985

Walzer, J., 1920: Anleitung zur Dressur und Ausbildung des Pferdes. Olms Presse Hildesheim, Zürich, New York, 1983

Western Horse, 1991: Richard Shrake in Nümbrecht, Heft 1, Seite 33–35

Western Horse, 1991: Bob Loomis auf der Equitana. Heft 7, Seite 20–23

Verzeichnis der Abbildungen